DER GESUNDE
MENSCHEN
VERSAND

Alexandre Lecoultre
Peter und so weiter

edition
spoken
script

Aus dem Französischen von Ruth Gantert

Alexandre Lecoultre

Peter und so weiter

edition spoken script 49
1. Auflage, 2024
© Der gesunde Menschenversand, Luzern
© Alexandre Lecoultre
Alle Rechte vorbehalten
www.menschenversand.ch

ISBN: 978-3-03853-147-0

Originalausgaben:
Éditions L'Âge d'Homme, Lausanne (2020)
Éditions La Veilleuse, Lausanne (2023)

Übersetzung/Nachwort: Ruth Gantert

Lektorat: Daniel Rothenbühler

Herausgeber:innen: Matthias Burki, Ursina Greuel, Tamaris Mayer, Daniel Rothenbühler

Gestaltung: hofmann.to

Druck: Pustet, Regensburg

REIHE
Literatur aus der Schweiz
in Übersetzung

Dieses Buch erscheint mit Unterstützung der ch Stiftung für eidgenössische Zusammenarbeit dank der Beteiligung aller 26 Kantone. Die Übersetzung wurde von Pro Helvetia subventioniert.

SWISSLOS
Kultur Kanton Bern

Genossenschaft Buch2000, Bundesamt für Kultur (Verlagsförderung 2021 – 2024)

Für Ariane

SEIT EINIGER ZEIT will man, dass er jemand wird, aber der Peter weiss nicht wer. Man kann es ihm noch so erklären, da liegt ein Weg zwischen ihm und den Bewohnern des Dorfs, ein Weg aus vom Regen niedergedrückten Gräsern.

Peter brütet darüber, während er über die Brache spaziert. Das macht keine Gattung, sagen manche Nachbarn, da sollte man öppis, oui quelque chose draus machen. Umringt von Bäumen, Sträuchern und Gebüsch passiert immer öppis, oui quelque chose im Stillen. Heute Morgen ist die schwarze Katze zwischen den Pfützen durchgewischt und hat dann zitternd die Hinterbeine ausgestreckt, das, und zum Beispiel die Sonne, die da täglich badet, das mag der Peter. Im Moment stutzen die von der Gemeinde ein paar Bäume. Sie sägen die Äste auf Böcken, schnüren Holzbündel und stapeln sie hopplahopp und comme il faut. Die einzigen Wolken sind die, die aus ihren Mündern quellen. Das kleine, im März verlorene Sesamkorn wärmt sie nicht, der Kafi und die Büez bringen da mehr, bigoscht, die Zungen schnalzen, wenn die von der Gemeinde zufrieden sind, moll.

Am Ende des Tags singen ein paar Amseln im marineblauen Himmel und öppis, oui quelque chose steigt auf und schwebt über den Haufen aus Sägemehl und grauer Rinde. Was Peter und so weiter mit der Nase am ersten Stern erschnuppert, ob das der Frühling ist?

Im Café du Nord hat Bernhard seine Sonnenbrille auf den Schädel gerückt, ein Bein über der Metallschiene angewinkelt, die sich unter dem Tresen entlangzieht, das Füdli nach hinten gereckt mit dem Geldbeutel, der ihm die Backe ausbeult. Er beugt sich etwas vor, stösst mit dem Ellbogen die Beige der Gratisblätter weg, die ihrerseits den Gipfeliberg fortschiebt, und schliesslich fällt ein trockenes Gipfeli auf den Boden. Nina wird ausrufen, so viel steht fest. Bernhard trinkt sein Glas mit Gianluigi, der nie Nein sagen kann. Peter ist fasziniert von der Breite seiner Finger, die zeugen del lavoro manuale, sagt Gianluigi, wenn er erklärt, wie er die Fischernetze flickte oder die Stühle mit nichts und wieder nichts stopfte, con poco o nulla, mit Schnur und Schweiss. Die Serviertochter Nina hat diesen kleinen Bauch, der einen zum Lächeln bringt, und die Kunden sagen sich, dass sie fröhlich ist, denn sie serviert die Cappuccinos und denkt dabei an den Erlinet oder die Sielinette. Sie geht im Raum umher, fast wie sie am Quartierfest tanzt, und slalomt mit den

Knien zwischen den Tischbeinen. Die Kunden wechseln ein paar Worte. Weder ein Monolog noch ein Dialog, sondern etwas anderes, sagt sich der Peter. Am Ende der Bar sitzt Monsieur l'auteur, dem Peterli aus den Naslöchern spriesst. Sein Kafi ruht kalt vor ihm, er ist vertieft und zählt nicht mehr die, die er trinkt, von denen, die er stehen lässt, ab. Manchmal fängt er an zu reden, manchmal hört man ihm zu, manchmal nicht. Nina tritt auf das Gipfeli und ruft aus, dem Bernhard in die Ohren. Der so, ich habe doch gar nichts gemacht, habe das Gipfeli auf dem Tresen gar nicht bemerkt, und es ist eh zu trocken.

Oft grinst der Bernhard und ruft, wann fängst du das richtige Leben an? Peter versteht nicht, wovon er spricht. Er hat nicht gewusst, dass es ein falsches gibt. Auch hintersinnt sich der Peter seit dem Gespräch mit der Frau am Telefon, Mischa heisst sie, die hat ihm gesagt, man müsse warten, aber er weiss nicht, auf was. Er trinkt jetzt Heida, weil Bernhard ihm beigebracht hat, dass das ein einheimischer Wein ist, den die Welschen Païen nennen, und so macht er es dem Bernhard nach und trinkt gegen elf Uhr einen Dezi. Er trinkt seinen Einer und leiert leise die Laute heida païen heida païen heida païen, ja ja, und so weiter, meint Bernhard hinter seiner Zeitung.

Peter liebt die Kleinanzeigen, denn da gibt es fahrtüchtige Motorräder, arbeitswillige junge Männer für alle möglichen Tätigkeiten, spazierfreudige Schäferhunde, reparaturbedürftige Rasenmäher, zügelbereite Betten, die warten nur darauf, dass etwas sie erlöst.

Bernhard sagt, wenn du arbeiten würdest, könntest du ändlich öpper werden, könntest dir auch was Nettes leisten, und nicht nur öppis, wenn du weisst, was ich meine, gäll. Mit dem Schnägg, den er einmal auf dem Trottoir gefunden hat, an einem Dienstag oder vielleicht Mittwoch, hat er die Mischa angerufen, deren Nummer in den Kleinanzeigen stand, unter vorhersagebegabte Wahrsagerin.

Ja, allo, hier spricht der Peter, der will wissen, wann er das richtige Leben anfängt. Die Mischa fand die Frage extrem schwierig. Sie sagte so ungefähr, es gäbe kein allgemeines Muster, das Schicksal jedes Einzelnen hinge von komplexen Konstellationen ab, das koste zwäi Frankä füfzg pro Minute, da brauche es ein regelmässiges Update. Im Moment heisst es warten. Beobachten Sie schon mal die anderen um Sie herum, was die machen, seien Sie offen für Veränderungen und hüten Sie stets Ihre Zunge, bevor Sie sprechen.

Die gehütete Zunge verknotet sich. Nina sagt noch dazu, er gebrauche die dritte Person, aber Peter antwortet, er brauche alle Personen. Peter, wann zahlst du ändlich deinen Heida mit deinem eigenen, mit richtiger Büez verdienten Stutz und nicht nur mit dem Abwasch im Café du Nord zum gratis Saufen? Wenn du mich fragst, gäll, mach es wie ich, Wecker auf sechs, auch wenn er nervt, Glattrasur, Arbeitskluft, ab ins Auto, stempeln, Kaficreme und hopp. Aber. Kein Aber, keine Ausflüchte, fertig.

Bernhard gibt sich plötzlich wie einer, dem der Kittel brennt, und steckt den Schlüsselbund, auf den Peter gestarrt hat, ein. Weil er sich auf diese unnötigen Dinge versteift, sagt Bernhard, statt sich aufs Wesentliche zu konzentrieren, tja der Schlüsselbund, der hat neben dem Schlüssel zum Mitsu und zur Wohnung einen gelbbraunen Anhänger vom Dorffussballclub und eine Mini-Taschenlampe, weil man kann nie vorsichtig genug sein. Mitten in diesen Gedanken ist der Bernhard, der am Tresen zu kleben schien wie eine Schnecke am Boden, auf dem Parkplatz zwischen den Autos verschwunden.

Nina sagt, Peter komm das Geschirr spülen und ein wenig reden. Beim Bernhard, weisst du, muss man die Ohren manchmal auf Durchzug schalten. Also ich sage, etwas mit den Händen machen, chrampfe, okay, aber es braucht auch jemanden an deiner Seite fürs Zusammensein und den Fun, sonst lohnt es sich nicht. Der Peter taucht und hört der Nina zu, er taucht das Besteck in den Zitronenschaum mit den zu kleinen rosa Handschuhen, und er fühlt sich ein wenig wie die Handschuhe im Wortschaum vom Bernhard und der Nina, zu eng und zu heiss, ohne etwas zu sehen. Nina spricht weiter, aber den Peter haben Spültrieb und Geschirrgeist gepackt, und die Formen in der Hand machen, dass man errät, wer der Kaficreme-Löffel ist und wer der Suppenlöffel. Manchmal tanzt jemand aus der Reihe, ein verlorenes Rüeblistück zum Beispiel, und dann ist es schwieriger zu erraten, wer das ist. Hallo, hörst du mir zu, Peter? Du brauchst eine Frau, mit der du jeden Tag etwas zu lachen hast, verstehst du, und die dich auch mit beiden Füssen auf die Erde stellt. Und wie findet man die unter den Frauen im Dorf? Peter, wer sucht, muss sie erkennen können, denn es gibt nur eine, die Richtige ist die mit dem Blick, der ihn anblickt und dem Lächeln, das ihn anlächelt.

Diese Geschichte wandert mit Peter durch die morgendlichen Strassen des Dorfs von Z. Arbeiten, hopp, dabei weiss niemand, was der Bernhard eigentlich macht, c'est vrai ça, was passiert nach dem Hopp? Und wie wäre Die mit dem Blick der ihn anblickt und dem Lächeln das ihn anlächelt, von der die Nina spricht, zu erkennen? Man muss beobachten, wie es die anderen machen, aber was cheibs machen die nur?

Bueno, da gibt es das Paar der Petits-bras. Sie sind in fernen Zeiten aus einem Delta gekommen, das die Form einer Hand hat und grösser ist als das Dorf. Auch ihr Lebensmittelgeschäft ist die Mündung eines Flusses. Es ist voller Konservenbüchsen, die sich in den Gestellen stapeln, zwischen grossen Dreieck-Käsen und zu süssen Keksen.

Peter, der Pedro oder manchmal Pedrito genannt wird, hilft den Petits-bras, die Lieferungen abzuladen, ins Depot zu verfrachten und dann in die Gestelle einzuräumen. Du könntest ein guter Gemischtwarenhändler sein, Pedro. Er weiss nicht so recht, er möchte es nur richtig machen, so wie die Petits-bras es wollen, was nicht immer so ist, wie er es will, denn er soll nicht nach Grösse oder Farbe ordnen, sondern nach dem Inhalt der Büchsen, was schwierig ist, wenn man nicht hineinsieht. Pedro braucht Zeit, aber zum Glück geben die Petits-bras ihm genug davon, lassen sie laufen. Manchmal sagen sie sich, dass sie strenger sein sollten, um ihm zu zeigen, dass das Leben kein Schleck ist, dann schnauzen sie ihn grundlos an, im falschen Moment. Ay Pedrito, entschuldigen sie sich danach. Für seine Hilfe ab und zu und die Gesellschaft darf er gratis im Geschäft einkaufen, aber nicht übertreiben, gell, nur das Nötigste. Und so hast du auch etwas zu tun, sagt man ihm, und trödelst nicht tagelang im Dorf mit einer Blume unter der Nase oder starrst Luftschlösser ins Blaue.

Gegen ein Uhr nachmittags drehen die Petits-bras das Schild um, das an der Tür hängt, vuelvo ahora. Pedro setzt sich gerne vor den Laden und wartet auf ihre Rückkehr. Vor der geschlossenen Tür und dem rätselhaften Schild beobachtet er die Passanten. Und alles andere dazu.

Die Petits-bras haben den grossen Plan, an einen Ort zu gehen, der gesund macht. Sie sparen, um die Reise mit ihrer Tochter Ana zu machen. Die sitzt den ganzen Tag in sowas wie Schweigen und dreht die Augen zur Decke. Sie haben Pedro schon vorgeschlagen, sich in ihrer Abwesenheit um den Laden zu kümmern, aber er tut so, als habe er nicht verstanden, denn es ist schliesslich schon genug, abzuladen, zu verfrachten und einzuordnen, wie die Petis-bras es wollen, ohne auch noch die Kasse und andere Sachen machen zu müssen. Wenn er keine Zeit für das Schild und das Sitzen auf dem weissen Plastikstuhl mehr hat, dann sicher nicht.

So sparen die Petits-bras weiter, um den Laden schliessen zu können für die Zeit der Reise, die Ana gesund machen wird. Das Abreisedatum rückt näher, man muss Hoffnung in die Zukunft setzen, sagen sie immer wieder. Und sie zeigen, wie sie sparen, mit mathematischen Rechnungen auf dem Käsepapier, so lang ist die Liste mit dem Betrag für Bus, Übernachtung, Essen, Kerzen und Spenden.

Grüezi, das ist der Telefonbeantworter von der Mischa, Sie können nach dem Piepston eine Nachricht hinterlassen. Bitte geben Sie Namen, Geburtsdatum, Geburtsstunde und Geburtsort an, danke, zwäi Frankä sibäzg. Gopferdammi Madame Mischa, der Peter weiss schon, dass es noch keinen Monat her ist, aber vor dem Anruf gab es nichts zu warten, und jetzt plötzlich sagen Sie warten, aber auf was eigentlich? Peter, Geburtsdatum unbekannt, Geburtsstunde unbekannt, Geburtsort unbekannt.

Peter hängt auf. Was will diese Mischa nur mit all den Angaben, warum stellt sie keine Fragen über Züge, Wolken oder die Gewohnheiten der Kunden im Café du Nord? Und wer sagt denn, dass sie zurückrufen wird, und auf welche Nummer bitte sehr?

Bei der Tramhaltestelle der Linie 3, Köllikerstrasse, sitzen zwei dicke Frauen auf einer Bank für vier Personen. Sie tragen blaue Jeans und graue Blusen, sie gleichen dem Automaten.

Der steht daneben und ist kaputt. Zwischen ihre runden Beine klemmen sie Poschtitaschen, damit diese nicht nass werden. Gleich kommt ein Gutsch, sagt die Erste, ein rechter Gutsch, antwortet die Zweite.

Die Einwohner des Dorfs von Z. beklagen sich gerne über das Wetter, es bitzeli zu sehr dies oder nicht genug das, dabei hoffen sie optimistisch, dass es besser wird und fürchten, es bleibe so lala wie es bisher war. So verbinden sich Vergangenheit, Gegenwart und Zukunft wundersam im Wandel der Jahreszeiten. Peter denkt, dass die beiden Frauen, dick oder nicht dick, in Kleidern welcher Farbe auch immer, auf der Bank des Gegentrams auch vom Wetter sprechen.

Peter hat Mühe mit Lesen, lieber als die Zeitung zu entziffern, informiert er sich deshalb über Hochs und Tiefs, indem er den Frauen bei der Tramhaltestelle beim Reden zuhört. Bei unsicherer Lage, was häufig vorkommt, wandert er verschiedene Haltestellen, sogar verschiedene Linien ab, um zu vergleichen und die Entwicklung im Tagesverlauf auszumachen.

Peter und so weiter mag diese Gespräche, die Leute geben mehr von sich preis, als wenn sie über Politik sprechen. Die Wolken oder die Sonne werden zum Spiegel der banalsten Hoffnungen oder Unglücke, die wie der Blitz in irgendeine Hütte des Dorfs einschlagen. Man denkt plötzlich an seine

Geranien auf dem Balkon, die verhagelt werden können, an den Pascal, der ohne Hut von der Baustelle zurückkehren muss, an die Tochter auf der Schulreise, ums Himmels willen, wenn es nur nicht im August schneit wie letztes Jahr beim Alpabzug, zum Glück war das Gondeli noch in Betrieb, sonst ist ja kaum auszudenken, was hätte passieren können, wenn, und so weiter.

Peterli, mein Kleiner, nun hör mal zu. Unsere Hände und Finger suchen, verflechten sich bisweilen, lassen dabei tausend Wildvögel fliegen. Werden wir wieder zu Kindern, die sich Schneeballschlachten liefern, schauen wir, wie sich in weiter Ferne Himmel und See in der Nacht vermengen. Dann tauschen wir Geheimnisse unter dem Schnee oder in den Bäumen, diesen sicheren Gräbern. Wir werden durch die Landschaften gehen, die du in schlaflosen Nächten hervorgebracht hast, wir werden unsere eigene Sprache sprechen, uns auf den nackten Boden legen, wir werden der Wildbach, der feuchte Strauch, der heisse Föhn sein, das Blut, das pulsiert und hinausströmen will.

Monsieur l'auteur, wem sagen Sie das? Peterli, weisst du, die Worte richten sich nicht immer an jemand Bestimmten. Monsieur, der Peter könnte das nicht sagen, ohne den Schnee, die Hände und all das erlebt zu haben. Peterli, sagen wir mal, ich war inspiriert zu diesen Versen. Monsieur, Monsieur?

Entschuldige, Peterli, ich war in Gedanken. Monsieur, Sie scheinen häufig woanders zu sein, nicht wirklich hier, aber Peter hat das Glück, Ihren Geschichten zuzuhören. Peterli, ich möchte lieben, ich möchte leben, ich möchte sein wie du. Monsieur, niemand will sein wie der Peter.

Monsieur l'auteur senkt den Kopf und stösst mit den Fussspitzen einige Kiesel der Terrasse des Café du Nord herum. Zerstreut versucht er ohne grosse Überzeugung, ein Gesicht zu skizzieren. Er bedauert jetzt, dass seine Mokassins mit weissem Staub bedeckt sind und zieht es vor, die Linien auf dem Boden schlecht und recht zu überdecken, damit man nicht merkt, was er mit Füssen greifen wollte. Die Kiesel knirschen unter der Sohle. Er tut dies, ohne viel nachzudenken.

Vor ihm ein paar angefeuchtete, beschriebene Pappuntersätze. Manchmal hebt Monsieur l'auteur einen von ihnen auf, liest Peter drei Verse vor und zerreisst ihn dann in zwei Halbmonde. Wie bei den Zeichnungen auf dem Boden kritzelt er, streicht aus, radiert. Er sagt aaba, das taugt keinen Deut. Peter versteht Monsieur l'auteur nicht immer, der ist ein echter Herr mit echten Geschichten, denn er spricht mit Fug und Deut. Er scheint zu basteln, wenn er dichtet.

Die beiden Freunde werden zu Stummen. Über ihnen, in der Himmelsblase, krakeln Mauersegler unsichtbare Schlingen und zerhacken die Stille. Jedes Jahr bringt der Frühling diese Vorüberziehenden, die im Fliegen schlafen und aus voller Kehle singen beim Mückenfressen in der Dämmerung.

Gianluigi seinerseits rühmt sich seit Jahrhunderten guter Gesundheit und niemand kennt sein Alter so richtig. Man weiss nur, dass er in N. geboren ist, dessen Namen auszusprechen er sich statthaft weigert. Er sei scheint's mit fünfzehn Jahren von Zuhause weggegangen um zu arbeiten und habe alle Berufe der Welt ausgeübt, fliegender Waagemeister, Zeitungs- und dann Puppenverkäufer, Strohflechter, Besenbinder oder Altkleiderhändler, Scherenschleifer, Hilfsbarbier, einige Jahre lang Fischer, und wer weiss, was noch und in welchem Loch. Jetzt arbeitet er auf der Gemeinde des Dorfs von Z.

Seit sie sich kennen, sind sie füreinander Gigi von der Gemeinde und Pietro Santo Felice. Gigi sagt, ich habe dich schon vor deiner Geburt gekannt und Pietro lacht schallend, das ist nicht möglich. Klar doch, klar doch, ich war's, der dich am frühen Morgen in der Brache fand, als ich Bäume stutzen ging. Gigi unterhält viel Rätselhaftes in seinen Geschichten.

Er und Pietro machen zusammen die Abendspaziernade am Seequai. Sie kommen bis zu den Musikern. Die lungern in seltsamer Aufmachung überall im Dorf herum und bespielen die öffentlichen Plätze mit ihren Akkordeons. Gigi geht den Musikern lieber aus dem Weg, er sagt, sie sähen aus wie Vogelscheuchen und grinsten wie Käselaibe und ausserdem verstehe man nichts von dem, was sie erzählen. Es stimmt, die Konsonanten zischen und wischen ihnen zwischen den Zähnen hindurch, aber Pietro will glauben, dass irgendwo ein ganzes Land so spricht.

Gigi ist abgeschlichen und Pietro bleibt alleine und beobachtet sie gebannt. Wenn er das Akkordeon hört, rinnt die Musik so heiss durch ihn wie Pflaumenschnaps. Als das Stück zu Ende ist, geht er zu den Musikern hin und stellt ihnen Fragen. Er legt etwas Geld in ihre Manteltasche und erwartet dafür ein Wort dieser Brüder im Radebrechen. Eine Zigi wird gegen Feuer getauscht. Petru, es gibt einen Ausdruck, der sagt einen Knopf im Schilf suchen, a căuta nod în papură, verstehst du, înțelegi? Nichts passiert und doch ist alles da, die Schiffe schaukeln in den Wellen des kleinen Hafens, die Nacht nimmt das Seegrau mit sich, die Frau zieht eine Jacke an, die Kinder essen Liebesäpfel, die beiden Freunde schauen ein Video am Handy, wir spielen Akkordeon am Montag am Quai, am Dienstag vor dem Bahnhof und so fort, verstehst du, înțelegi? Jeder Augenblick ist ein wenig ein Musikstück, man muss ihn sofort nehmen, wie er ist, nicht mehr und nicht weniger, es sind die Teile, die das Ganze bestimmen, înțelegi? Petru nickt mit dem Kopf und geht zu Gigi, der in einiger Entfernung auf einer Bank auf ihn wartet.

Was haben sie dir gesagt? Nicht alles verstanden, sagt Pietro, dann nehmen sie ihre Spaziernade unter den Regenspritzerli wieder auf. Weisst du, du solltest dich hüten vor diesen hinkenden Boten, die dich mit ihrem Humbug umgarnen. Pietro antwortet nicht. Er kennt den Humpen Bier, die wilde Hummel, wie der Bernhard manchmal seine Bojana nennt, und den Hummer, weil die Petits-bras ihm erklärt haben, das sei ein Zehnfusskrebs und man müsse ihn oben rechts auf dem Gestell einordnen.

Es gibt eine Art neue und starke Empfindung, die den Peter durchströmt, wenn er im Dorf herumgeht.

Peter sieht die Dorfbewohner einen grossen Teil des Tages mit Warten verbringen, auf ein Tram, einen Kinoplatz, bis sie dran sind an der Kasse im Supermarkt, überall eigentlich, um Post wegzuschicken, sich wegen eines kaputten Teils zu beschweren, einen Kafi zu bestellen, einen Anruf zu bekommen, oder auch in der Hoffnung, der Pöstler bringe die Überraschung, dass sie eine Ballon-Weltreise gewonnen haben, oder das im Handschuhfach vergessene Lottobillett, das den Jackpot knackt, aber nüt isch, es ist nur Reklame drin, auch wenn auf dem Aufkleber Stopp Werbung steht, immer die Hefte mit Aktion auf Käse, Gutscheine für verbilligte Coiffeurbesuche, beim Kauf eines Akkubohrers zwei geschenkt, jetzt zuschlagen oder nie. Bref, sie warten alle auf etwas. Für seine eigene Suche fragt sich der Peter, in welche Schlange er sich stellen soll, ob er auch ein nummeriertes Ticket braucht oder ob er einfach auf den Pöstler warten muss.

All dies macht ein wenig Angst. Er sagt sich manchmal, er werde nie fündig, es sei zu kompliziert für ihn, wie alles andere, was er nicht geschafft hat, dass er sich ebenso gut wieder ruhig um seinen Kram kümmern könnte, auch wenn Bernhard dies das falsche Leben nennt und er niemär wird. Er weiss, wenn er aufgibt, wird man ihm Feigling, Höseler und andere solche Namen anhängen. Als Kind war es auch so, er traute sich nicht, vom Mäuerchen zu springen, die Zuggleise zu überqueren, Bonbons im Laden zu klauen, zum Beispiel die kleinen grünen Frösche oder die Zuckererdbeeren. Er ging dann fort mit gesenktem Kopf, ohne zu wissen wohin. Man fand ihn unter einer Brücke kauernd wieder, andere Male auch weiter weg, verloren in der Vorstadt zwischen zwei Strassen, oder eingebuddelt im Wäldchen neben dem Dorf, halb mit Blättern bedeckt und mit Zweigen im Mund, an denen er saugte.

Natürlich hat man ihm beigebracht, dass man keine Erde isst und nicht an Zweigen saugt, aber der Bewegungsdrang ist ihm geblieben. Und weil ihm alle neuen Ereignisse rund um seine Suche im Kopf brodelten, ging Peter zur Brache.

Jetzt könnte Peter tausendjährig oder noch nicht geboren sein, er liegt ausgestreckt unter dem Kirschbaum zuhinterst links in der Brache. Die Stille ist komplett, die Zeit dehnt sich aus. Wolken ungeschickter Maikäfer wabern in der heissen Luft, sie kommen und gehen und prallen manchmal aufeinander. Eine Stimme scheint Peter von den Baumwipfeln aus zu rufen, sie kommt ihm weit weg vor, er beachtet sie nicht. Er liegt auf der Seite und setzt den Ellbogen auf die Erde, um seinen schläfrigen Kopf zu stützen. Daneben lehnt die Leiter am Kirschbaum, es ist eine Art Hüpf-Marelle, er könnte den ganzen Tag lang Himmel und Hölle spielen. Aber er bleibt lieber auf dem Boden liegen wie eine reife, heruntergefallene Frucht. Es ist schön warm. Das Junilicht schwebt, es hat kein Gewicht. Eine Katze kommt unter dem Johannisstrauch hervor, mit zusammengekniffenen Augen streicht sie Peter um die Beine, der sie streichelt und dann freundlich verjagt. Er hält auch die Maiechäferli wohlwollend von sich fern, das erste Mal jedenfalls vergibt er ihnen den Irrflug, aber wenn ihm eines von ihnen hartnäckig ins

Ohr kriechen will, dann kriegt es eins gebraten, einen Schlag mit der flachen Hand, der es wegschleudert. Peter kratzt sich den unteren Rücken und steht auf, macht einige Schritte und legt sich etwas weiter weg wieder hin. Er schläft ein.

Hör noch einmal die schwarze Nacht, wenn das Gewitter über der Stadt wie ein Traum vergangen ist und der starke Geruch aus der durchtränkten, kohlefarbenen Erde steigt. Man kann seine Hemdsärmel über die Ellbogen aufrollen, sich eine Zigarette anzünden und spüren, wie der herbe Geschmack den Mund mit Genuss erfüllt, sehen, wie der graue Rauch die schwindenden Sterne verhüllt. Hör noch einmal die laue Brise, die mit der Hand durchs Haar der Nussbäume fährt, darüber ein Schwarm wilden Wisperns. Hör noch einmal das fast unmerkliche Geräusch des Papiers dieser weissglühenden Zigarette, die unregelmässig um ihre zylindrische Rundung brennt, wenn man daran zieht. Man sieht den Stummel glühen in der Nacht, dann das Papier verschwinden und der Asche weichen. Hör noch einmal und vor allem dieses feine, leise Geräusch des Papiers, das verbrennt, in dieser aschfarbenen Nacht, mit dem Wind in den Blättern dieser Bäume, dem Gemurmel, dem Nadelöhr, das wir sind, hör dies alles noch einmal.

WENN ER FERTIG IST mit dem Abwasch im Café du Nord, entziffert Peter zusätzlich zu den Kleinanzeigen das Horoskop. Du solltest nicht zu viel lesen, warnt ihn der Bernhard, wenn man liest, entdeckt man Sachen, die nicht so schön sind, und ausserdem ändert sich sowieso nichts um uns herum, dasch scheissegal, es sind immer die gleichen Grinde, schau der Autor in seinem Anzug, wenn du noch so gut lesen könntest, könntest du keine Zeile von ihm lesen, einfach weil es nichts zu lesen gibt, nütelinix.

Peters Zeigefinger folgt den Zeichen. Sonntag, Waage. Liebe, der Mond rundet sich für den, der danach greift. Gesundheit, die zahnlose Ziege wird gefressen. Geld, der Affe auf dem Baum zeigt seinen Arsch. Dem Peter bleibt einen Moment die Spucke weg. Was soll diese Geschichte vom Affen, der seinen Arsch zeigt und nach dem Mond greift? Er versteht nicht recht, was das mit ihm zu tun hat, und noch weniger mit der unschuldigen Ziege, die man trotzdem frisst. Der Peter mag Horoskope, es gibt immer Tiere, die Rätsel aufzugeben scheinen, und komischerweise hat er noch nie eine Kleinanzeige gesehen von jemandem, der sich bereit erklärt, das Rätsel im Horoskop zu lösen.

Nina hat die Ohren gespitzt beim Abtrocknen der Kaficreme-Tassen mit ihrem karierten Chuchitüechli, sie erklärt, das seien Sprichwörter. Ja, du musst sie mit deiner Situation vergleichen, aber ich glaube imfall nur halb an diese Wahrsagerinnen, die die Zukunft in den Planeten, den Handlinien, dem Kafisatz und den Eingeweiden des Poulets lesen. Heute ist das Leben modern, die Poulets liegen ausgeweidet und eingeschweisst im Tiefkühlfach vom Supermarkt. Du musst unabhängig sein und nichts erwarten von den andern, wenn du etwas willst, musst du das Füdli lupfen und es dir holen, isi, sagt sie und klatscht zweimal in die Hände.

Nina will, dass Peter ihr das Horoskop für ihr Zeichen vorliest. Sonntag, Löwe. Nach dem Unwetter kriechen die Regenwürmer aus der Erde. Oh wie schön, super, megacool, Peter, ich hab's doch gewusst, was für eine gute Nachricht. Dann glaubst du's trotzdem? Nicht wirklich, kommt halt drauf an. Und wie funktioniert es denn? Also, zuerst musst du wissen, wann du geboren bist. Keine Ahnung. Dumm gelaufen, aber dämfall kannst du alle lesen und aussuchen, welches dir am besten passt. Peter, das Leben ist voller Überraschungen, an einem gewissen Punkt musst du deine Wahl treffen und dich ins Abenteuer stürzen.

Während Peter zu lesen versucht, wird er von Gesprächsfetzen unterbrochen.

Und dort unten lauern sicher Flöhe auf uns, dann ist man voller Stiche und kratzt sich die ganze Nacht, statt wie ein Herrgöttli zu schlafen. Nie im Leben habe ich solche Viecher gehabt, das Seewasser kommt direkt von den Gletschern, die sind so nah, man könnte es in Flaschen füllen und trinken, et voilà. Wäh, das gäbe ein schönes Gift, gibt Bernhard zurück, der Fluss ist frische Strömung und Ruhe, ohne den ätzenden Geruch nach Cervelat und Alkohol. Senti Bernardo, der Fluss heisst Gefahr, es hat lauter Steine, die dir das Knie brechen können und mit dieser verfluchten Strömung ist nicht klar, wenn du mal drin bist, ob du je wieder rauskommst. Zuerst einmal, lieber Gianluigi Klugscheisser, nenn mich nicht Bernardo.

Es ist eine klassische Sommerdiskussion und unter den Kunden des Café du Nord gibt's jene, die den Kopf einziehen und mit den Augen ausweichen, und jene, die sich einmischen wollen. Nina versorgt die Flasche Rosé, ihrer Meinung nach bringt das nichts für die Suche nach guten Argumenten. Sie weiss, dass später die, die sich einmischen wollen, debattieren, ob die linke Seeseite besser ist als die rechte, der Obere Fluss besser als der Untere.

Kaum hat sie das gedacht, hört man schon den Ersten von zuhinterst im Raum brüllen. Man muss zu den Copains im Unteren Fluss stossen. Nenei, man muss zu den Copines im Oberen Fluss gehen. Der Kollege stösst Weinschwaden aus, min Schatz, alle wissen doch, dass der Untere Fluss paradiesisch ist mit seinem Holzdeck, auf dem man ruhig trocknen und dabei zusehen kann, wie die Kumpel durchs Wasser gleiten. Die Kollegin, äuä, äuä, die Kumpelinnen meinst du, mit ihren zu kleinen Badeanzügen, die zwischen den tätowierten Füdlibacken verschwinden, im Oberen Fluss kann man ruhig ein Gläschen oder zwei leeren und sich an der Südsonne bräunen. Der Wein steigt dem Kollegen in die Backen, änograd, leeren musst du das Portemonnaie bei denen ihren Preisen, und die Glatzköpfe kriegen einen Sonnenstich, du bist stur wie ein Esel, aber gernhaben tu ich dich trotzdem. Ja, kannst du mich gern, antwortet sie und dreht ihm den Rücken zu, bis ein andermal.

Die Stimmung lädt sich auf und Peter hat sich bei Nina hinter dem Tresen verschanzt. Manche Gäste werden hässig und verlassen das Café du Nord, während andere per Händy ihre Freunde herbeirufen, damit sie sich einmischen.

Wenn man die Ohren spitzt, hört man so halb. Und wenn die Person mit jemandem am Händy spricht, dann hört man nur die Hälfte des Gesprächs. Unter diesen Umständen versteht man nur die halbe Hälfte, also einen Viertel.

Hördochmaluf, am linken Seeufer preicht dich kein Frisbee in die Rippen bei der Siesta, oder schlimmer noch, beim Brätle. Ja selber, du dumme Kuh mit einer Vorliebe für das rechte Seeufer, vielleicht gibt's da länger Sonne, aber wer ergattert schon einen Platz darin bei der Menschenmenge, die sich dort breit macht. Sag's nochmal, wenn du dich traust, sag's nochmal, wenn du dich traust, eine dicke Sau zu mir, da hört aber alles auf, geh doch allein das Gras am rechten Seeufer mampfen mit Millionen anderer dummer Kühe, und lass dich von einem Frisbee massakrieren, hier hast du einen, päng.

Manche Kunden drängen sich jetzt um Bernhard und Gianluigi und versuchen, ihren Senf dazuzugeben. Ja aber. Chabis. Papperlapapp. Beim ersten Mucks spricht einer der beiden lauter, um die neue Wortmeldung, die das Problem vielleicht lösen könnte, zu übertönen. Kurz und gut, in den langen Sommermonaten erschallen Salven von cheers, cincin, prost, zum Wohl, à la tienne, und die Abende ziehen sich hin in Pulverschwaden. Vor Freude schlagen sich die Bewohner mit Schnapsguttern die Schädel ein oder stecken ihre

Köpfe in gigantische Dekolletees. Am nächsten Tag haben alle vergessen, wovon die Rede war, und die Diskussion kann wieder von vorne losgehen, als hätte es sie nie gegeben.

Grüezi Herr Peter, hier ist Mischa, ich habe Ihre Nachricht von neulich bekommen, sorry, dass ich mich nicht früher gemeldet habe. Ich hab halt auch andere Anfragen, gäll. Schnell und präzis soll ich sein, heisst es. Aber wenn meine Prognosen nicht genehm sind, dann wird nicht mehr dran geglaubt und man will, dass ich über die Bücher gehe. Ich hoffe, Sie sind nicht auch so einer, zwäi Frankä achtzg, ich weiss ich weiss, letztes Mal war es sibäzg, aber die Zeiten sind halt, wie sie sind. Schiessen Sie los.

Da ist das Gedicht des Schriftstellers mit den Händen und dem Schnee, und dann die Musiker mit den Akkordeonklängen, die im Bauch rumoren, und den Zischlauten. Beim Erzählen stellt Peter sich die Mischa vor, wie sie in einem Haufen tiefgekühlter Poulets sitzt und sie aus ihrem Plastik-Pyjama schält, ihnen die Beine löst, in ihren hohlen Eingeweiden wühlt, zwischen der fetten Haut und dem kalten Fleisch, hier und da ein Blutgerinnsel oder einen Federrest herauszieht, um seine Zukunft darin zu lesen.

So weit, so gut, unterbricht sie, ich weiss, Herr Peter, das Warten zieht sich hin, aus dieser Situation kann eine gewisse

Ungeduld entstehen, das ist mit Risiken verbunden, Aufgabe, Verzweiflung oder schlimmer, Längizit, aber der Ausweg ist nah, ich spüre es. Madame Mischa. Kein weiteres Wort, zwäi Frankä achtzg, finden kann ich nicht für Sie, nur den Weg zeigen, ich rate Ihnen, Ihren Suchradius zu erweitern. Im Moment steht der Mond günstig und ich sehe, dass eine Begegnung mit einem oder einer Unbekannten bevorsteht, es ist noch zu früh bezüglich der Umlaufbahn des Saturn, als dass ich sagen könnte, was sie bedeuten. Aber. Nichts aber, ich hab's Ihnen doch gesagt, die Skeptiker mag ich noch weniger als die Abergläubischen, hier handelt es sich um Wissenschaft, mein Lieber, um Wissenschaft, zwäi Frankä achtzg. Allo, allo Madame Mischa?

Die Telefongespräche mit Madame Mischa sind eine Art Zauberkasten, der die Fragen von Peter in andere Fragen von Peter verwandelt, o jemine. Besser, man geht etwas den Kopf lüften.

Peter macht sich auf zum Fluss. Der ist zum Glück nicht weit weg, in nur zehn Minuten erreicht er sein kühles Ufer. Er hat dort auch einen Lieblingsort, aber der ist manchmal besetzt, von Leuten, denen Peter seinen weissen Körper nicht zeigen mag. Uff, er ist frei, Peter zieht sich um und hält dabei sein

Badetuch mit einer Hand. Sitzt auf einen Stein, der grösser ist als die anderen, streckt die Füsse ins Wasser, es ist zuerst kalt, dann angenehm. Los geht's.

Die Flussströmung führt Blätter mit sich und Sonnenstrahlen, die auf der Oberfläche glänzen, und auch den Peter. Der Schatten der Weiden bleibt an Ort, man weiss nicht wie. Es ist weder im Oberen Fluss, noch im Unteren Fluss, sondern vielleicht dazwischen, oder anderswo. Der Fluss hat ein Bett mit einem Mosaik aus Kieseln und einer Matratze aus Algen, die sich im klaren Wasser wiegen. Am Grund liegen zum Beispiel ein Velo, Ziegelsteine, eine Flasche, Schuhe, Fische aus Lehm. Von hier aus scheint alles grün. Peter lässt sich auf dem Rücken treiben. Er dreht sich mit den Blättern je nach Strömung und Wirbel, kopfvoran, Kopf hintan, seitlich, die Landschaft ist plötzlich ganz kurlig von der Wasseroberfläche aus gesehen. Ein Frosch schaut einen Reiher an. Dann taucht der Kopf unter, das Wasser dringt zuerst mit betäubendem Schweigen in die Ohren ein, dann hört man das Knirschen der Steine, die im Flussbett rollen.

Wenn der Lärm der Strassen und die Stille der leeren Räume unerträglich werden, zieht Peter aus in die Einsamkeit. Das heisst, er nimmt einen Zug in irgendeine Richtung, drückt die Nase an die Fensterscheibe, fährt ein paarmal hin und her und kehrt dann nach Hause zurück. Er steigt nie aus. Er bleibt nur im Zug und träumt, während er den Gesprächen der Ein- und Aussteigenden zuhört, er stellt sich vor, zu ihnen zu gehören und danach erzählt er diese Geschichten im Café du Nord. Peter sagt, es ist ein wenig sein persönliches Wartezimmer, in dem massenhaft Unbekannte ein- und ausgehen. Das genügt ihm.

Jetzt zieht er also aus in die Einsamkeit. Auf dem Perron bilden sich Trauben von Rekruten unter den skeptischen, genervten oder wehmütigen Blicken der anderen Passagiere. Eine Gruppe zündet sich Zigis an und wirft den Kopf nach hinten, ein bisschen angewidert vom herben Geschmack. Wie Clowns in ihren zu grossen Kostümen äffen sie ihren Unteroffizier nach und veräppeln Appell, Militärgruss und Marsch auf ihre Weise. Einige Büchsen mit billigem Bier zischen auf.

Peter mag es, diese schlacksigen Lulatsche anzuschauen, ihren Witzen zuzuhören und sich als einer der ihren zu fühlen. Er wälzt Fragen. Haben sie die Richtige etwa schon gefunden, trotz ihres jugendlichen Alters? Sind die billigen Büchsen und die Faxen ein Weg, der ihm helfen könnte?

Der Zug fährt um 32 nach ab und es ist 29 nach, nume nöd gschprängt, jeder Rekrut ist bereit, die drei schmerzlichen, aber nötigen Schritte zu tun, um in den Wagen zu steigen, wenn der Kondukteur dann pfeift. Peter und so weiter mitten unter den Rekruten. Die schauen auf ihre schwarzen Stiefel oder ihr feldgraues Marschgepäck und sind etwas verdrossen über diesen Militärdienst, der sie für einige Zeit ihren Liebsten entreisst. Die Zigis bringen sie zum Zittern. Der Kondukteur pfeift, gleichzeitig schnipsen sie nachlässig den Stummel auf den Schotter, tun die drei Schritte, die sie von der Türe trennen und treffen sich im mittleren Waggon, wo sie sich nebeneinander hinfläzen mit ihren Säcken. Hoi, wirft der erste in die Runde, Hoi antwortet der zweite, Oi der dritte, excusez isch ier frei? Einer der Rekruten nickt ernst mit dem Kopf und Peter setzt sich daneben mit einem Lächeln.

Sie reden Kauderwelsch mit Peter. Er ist in Verlegenheit. Quoi quoi, ist es möglich zu répéter? Die Rekruten repetieren, aber es hilft nichts. Vielleicht wollen sie nur eine vierte Person zum Jassen, oder es steckt ein wenig Spott dahinter. Peter wird es nie erfahren und das macht, dass er sich heftig den Nacken kratzt, aber er hat gelernt, nicht böse zu werden, höflich zu bleiben, wenn er etwas nicht verstehen sollte. Quoi? Er versteht das Kauderwelsch noch immer nicht und sagt schliesslich im Zweifelsfall Nein, weil es ihm manchmal übel mitgespielt hat, wenn er Ja sagte. Jänu. Die Rekruten nehmen die Karten hervor und verteilen sie auf drei.

Peter ist da und lehnt die Stirn gegen die Scheibe, ohne etwas zu trinken, er hat keine Worte, denn sein Mund ist trocken, so trocken, dass er nicht einmal im Kopf sprechen kann. Das Horoskop und die Kleinanzeigen verschiebt er auf ein andermal. Er behält dennoch eine kleine Beige Gratisblätter. Einige Passagiere im Waggon schauen ihn an, warum? Sie nehmen vielleicht an, Peter mache ein Album, eine seltsame Sammlung, aber warum denken sie das, und warum nicht eher, dass es zum Basteln ist. Grüessech, Kafi Gipfeli Mineral, Billett bitte, Kafi Gipfeli Mineral, merci u de ne schöne, haben Sie kein Münz auf zwei, merci villmal, merci Ihnen, nichts für ungut, Ladies and Gentlemen, wegen Gleisarbeiten wird der Zug umgeleitet, pour le retard de vingt minutes bitten wir um Verständnis.

Der Zug wird langsamer. Nach ein paar Rangiermanövern fädelt er sich auf einem alten Gleis ein und sticht aus dem Speckgürtel tiefer mitten in den Bauch des Landes. Peter kann auf den Gesichtern der Reisenden lesen, dass das Heimweh nach dem Land einer gewissen Beklemmung Platz macht. Dieses alte Gleis, oder andere anderswo, führt an zahllosen kleinen, verlassenen Holzbahnhöfen vorbei, wo schon lange kein Zug mehr hält. Alle schauen zum Fenster hinaus, ja, diese kleinen Bahnhöfe, die auf Mais- oder Rapsfelder gehen, sind den frühen Morgenstunden nach der Party ausgeliefert, den aufgeschlitzten Sixpacks, den Taubennestern, den Sprechweisen einer gewissen Jugend, die sich in den abgeschiedenen Bahnhöfen gehen liess, zwischen die Autowracks pisste, in den Löwenzahn ejakulierte, auf den Schotter spuckte, hinter die Snackautomaten kotzte. Den Passagieren wird es zusehends blümerant. Vielleicht kommen denen, die in dieser Gegend aufgewachsen sind, gegen ihren Willen Erinnerungen hoch, sagt sich Peter. Es dauert und die kleinen Bahnhöfe ziehen vorbei im Tempo eines traurigen Trosses. Sogar die Rekruten haben ihr Kartenspiel eingestellt und den Kopf zwischen den Knien vergraben.

Peter schaut hinein und hinaus, zum Glück schwenkt der Zug offenbar wieder in seine ursprüngliche Strecke ein und man sieht in der Ferne einige Dörfer, Geranienkästen, Fahnen und Kreisel. Noch ein paar Kurven, uff, nun sind sie dem bösen Traum entkommen und zurück in einer bekannteren Landschaft. Übrigens halten die Händys dies alles fest. Und auch die Ruhe ist de retour für den Rest der Reise. Es sind schon komische Käuze, diese Tagespassagiere, Schisshasen.

Kaum an der Endstation angekommen, verlassen sie fluchtartig den Wagen, so schnell wie die Schafe ihre Koppel, erleichtert, dass sie dieses ungewöhnliche Ding überlebt haben. Innerhalb von Minuten leert sich der Zug und zurück bleibt einzig Peter. Er döst, während die neuen Passagiere einsteigen.

Peter schreckt auf beim Pfiff des Kondukteurs. Verblüfft entdeckt er neue Rekruten ihm gegenüber. Es ist der Tag, an dem sie kreuz und quer durchs Land ziehen. Sie sagen Hoi zu Peter, er antwortet Sali. Die hier sprechen nicht das Kauderwelsch der anderen, sie sprechen wie im Dorf.

Sie packen Büchsenfleisch und Billigwein aus. Mit dem Sackmesser reissen sie am Korkzapfen, einer nach dem andern säbelt daran herum, und als Peter an der Reihe ist, versetzt er ihm den Gnadenstoss und drückt dabei den Rest des Korkens in die Flasche. Et voilà. Hurra, fünfmal Hurra, Peter hat das Glück, sich zuerst bei Billigwein und Büchsenfleisch bedienen zu dürfen. In wenigen Minuten ist die Flasche ausgesoffen und hopp, da kommt schon eine neue. So langsam haben sie den Dreh heraus. Sie lachen viel. Die Rückreise vergeht im Nu, und plötzlich verkündet der Zugchef, dass man in Z. Endstation ankommt. Die Rekruten und er klopfen sich auf den Rücken, ciao à plus, man sieht sich.

Peter und so weiter ist mausbeinallein auf dem Perron mit seiner Beige Gratiszeitungen, er trägt eine Sternenkrone auf dem Kopf, Büchsenfleisch und Billigwein haben ihm den Rest gegeben. Er schwankt, zeichnet die Zugkurven nach, seine Füsse sind schlecht aufgegleist, Obacht da ist der Snackautomat und schon schnätzelt es ihn und er knallt auf den Ranzen. Seitlich ausgestreckt möchte er Hilfe sagen, aber es kommt nichts. Schon wieder hocken die blöden Wörter verbockt in seinem Magen. Dieses Mal müssen sie wirklich hinaus, so tastet Peter sich den Bauch ab um zu sehen, wo sie sind, und als ihm scheint, er habe den Knopf gefunden, platziert er zack einen Schlag und alles kommt aufs Mal in einem grossen Schwall.

Wart noch ein wenig. Bleib auf ein weiteres Glas, nur noch eines. Der Barmann wird eine Schüssel Popcorn und zwei Biere bringen, nimm auch einen Whisky dazu, wenn dir gerade danach ist. Wart noch ein wenig, wir werden die Stimme, die uns in der Kehle vertrocknet, aufklaren. Jeder hat die Geschichten seiner Niederlagen, über die er mit den Ellbogen auf dem Tresen brütet, während er Sport am Fernsehen schaut, zwischen den Wänden aus getäfertem Holz und dem Pfeilspiel. Man wird erzählen müssen, wie man vor langer Zeit wegging, um etwas zu suchen, was man selbst nicht mehr weiss, und wie man danach sein eigenes Zuhause nicht mehr fand. Wart noch ein wenig, erzähl diese Geschichte, es ist die beste, wie wir uns hier getroffen haben, wann war das nochmal? Erzähl. Zwei Biere vom Fass, alright, nein zwei Humpen Stout mit zwei Whiskys dazu, Barmann, und auch Popcorn, danke. Danach nehmen wir noch zwei, und dann nochmals zwei und warten darauf, dass etwas passiert. Und wenn nichts passiert, paffen wir eine oder spielen Darts. Danke. Cheerio. Wart noch ein wenig, wart, wir müssen doch auf etwas anstossen, mal ehrlich, auf dieses Leben, das wir verderben und das uns verdirbt. Eine Runde für alle.

PETER HAT SICH ein paar Tage zuhause verschanzt, zur Erholung. Aber heute morgen geht es ihm besser, er verlässt das Haus, um sein Brot und seine Zeitung zu kaufen. Unterwegs schaut er beim Unteren Fluss vorbei. Der Ort ist von Mauern mit Graffiti umgeben, Widmungen, Liebes- oder Hasserklärungen, Bilderrätsel. In der Luft zieht sich eine lange Galerie am rechten Ufer hin, überragt von Türmchen mit Ziegeldächern.

Peter weiss, dass das Wasser später am Tag die Schwimmer forttragen wird. Wenn sie aus dem kühlen Fluss steigen, setzen sie sich auf die Holzlatten in einer sanften und warmen Atmosphäre, der farbige Flickenteppich der Badekleider zieht vorbei, das Viadukt erzittert beim Vorüberfahren der Züge, die Flugzeuge steigen pfeilgerade in die Luft, es gibt Bomben, Geschrei, Augenaufschläge, pubertäre Verfolgungsjagden, Mädchen, die ins Wasser geworfen werden, schrille Schreie, halsbrecherische Sprünge, halsbrecherische Doppelsprünge und Rückwärtssalti. Aber all das findet noch nicht statt. Peter beobachtet den Bademeister, der mit seinem Besen vorbeigeht, um die Spinnweben unter den Holzbalken zu entfernen. Eine Gartenkreuzspinne. Ein Taubenflug. Ein Unbekannter. Er taucht ins kalte, ruhige Wasser, es sieht aus wie Kristallglas, das zerbricht und zerfliesst. Peter sieht es von ferne und geht weiter, er kauft das Brot und auch die Zeitung.

Auf dem Rückweg geht er eine andere Strecke, die vom Café du Nord. Monsieur l'auteur ist schon da, auf der Terrasse. Allo Monsieur, Hallo Peter. Im Gegensatz zum Unbekannten geht der Schriftsteller nicht ins Wasser. Er hängt mit den Reihern am Flussufer herum, fliegt schliesslich los und landet auf der Kiesterrasse des Café du Nord, im Schatten der Platanen oder dann mit dem Gesicht zur weissen Morgensonne. Er bestellt ein kleines Glas Grappa, am liebsten Grappa di Riserva, aber was du gerade hast, passt schon. Und dann erzählt er.

Schau Peterli, du Fröschli, schon seit einer rechten Weile versuche ich, die Worte zu finden, um das Süsswasser zu beschreiben, denn wie spricht das Süsswasser? Ich drehe mich im Kreis, die Bilder, die mir in den Sinn kommen, sind der Katzenfisch, der Teichschlamm, der Schatten, ein wenig die Schilfufer und unter den Bäumen vor allem die Weide, die kalten Kiesel, die in der Hand herumrollen, bevor sie über das Wasser hüpfen, das Glucksen, das hügelige Unterholz, dem dieses Süsswasser entspringt, bevor es verschwindet und dann in den Brunnen plätschernd wieder auftaucht, aber all das bringt mich nicht weiter.

Monsieur, der Peter weiss nicht, aber da gibt es eine Stelle, wo es nach Abwasser riecht, sehen Sie, wo? Und neulich hat er im Fluss Wasser geschluckt und es schmeckte nach Erde, das ist doch seltsam, Wasser, das nach Erde schmeckt? Peterli, du bist ein Vogelfänger ohne Käfig. Ein was, Monsieur? Monsieur? Ja? Die Mischa hat von einer Unbekannten und einem Unbekannten gesprochen, aber das Dorf ist gross und dem Peter sind viele Bewohner unbekannt, wie kann man wissen, welche und welcher die richtigen sind? Einen Grappa bitte für meinen Freund, der ist ein Vogelfänger ohne Käfig, am liebsten Grappa di Riserva, aber was du gerade hast, passt schon.

Monsieur, Sie haben die Fragen nach der oder dem Unbekannten nicht beantwortet. Nein, habe ich nicht, aber ich habe keine Ahnung. Der Peter weitet sein Forschungsgebiet aus. Und siehst du nun, wohin dich das geführt hat? Ohalätz, sogar Monsieur l'auteur ist auf dem Laufenden. Er spricht weiter vom Süsswasser, der Peter hingegen erhält keine Antwort, also nimmt er lieber einen Kafi an der Bar und blättert durch die Kleinanzeigen.

Ach, diese Anzeigen helfen ihm bimeid auch nicht weiter, keine Spur von Der mit dem Blick der ihn anblickt und dem Lächeln das ihn anlächelt, was ist da zu machen, Nina? Doch die Nina ist nicht da, sie hat noch einen Monat frei. Sie hat gesagt, sie käme bald wieder, mit einem Alien in Gestalt eines Artischockenherzens. Ninas Vertretung zieht einen leichten Lätsch und verdrückt sich, der Peter ist immer noch da und staunt Spitzbuben mit Konfi auf den Augen. Bernhard schüttelt den Kopf um zu sagen Hilfe, der Peter ist verloren, du brauchst vor allem eine, die zuhören kann, schau meine Bojana zum Beispiel. Aber Peter spürt den Knopf in seinem Bauch wie nach dem Akkordeon oder dem Billigwein, ohne recht zu wissen, ob ihm das Gefühl gut tut oder schlecht.

Es kribbelt ihm wieder in den Beinen und er läuft los durch die Strassen auf der Suche nach jemandem, den er nicht kennt und nie gesehen hat.

Peter sagt sich, man muss gehen, weiter und weiter, wohin auch immer, nur schnell genug, um möglichst viele Strassen abzulaufen, in allen Richtungen, um sie nicht zu verpassen. Er geht weiter und rührt die Zunge, wer da, wer da, sagt er, aber nichts und niemand gibt Antwort.

Er lungert hier und da herum, geht immer weiter weg, an den Schuppen mit steilen Bretterwänden entlang, manchmal mit Amtsblättern oder einer Krähe drangenagelt, um das Schicksal abzuwenden. Peter geht weiter mit dem Gang eines tollwütigen Hundes. Das Dorf zieht unter seinen Füssen vorbei, Sortierstellen, Tunnels, Brücken, Bahnhöfe, Rangiergleise, Waggons, Schrott, Auspuffe. Wind kommt auf, Peter geht schneller und entschlossener, trotz dem Gewitter, das ihm entgegenkommt. Jedes Geräusch verschmilzt mit einem anderen und packt seinen Sinn. Der Peter ist besänftigt, wenn es nur noch ein Summen in seinem Kopf drin gibt und die Bilder von Z. um ihn herumziehen. Das Gewitter kommt näher mit seiner grauen Wassermasse und aus dem Asphalt steigt der berauschende Geruch, den er so liebt.

Er geht weiter und durchquert öde Gebiete voller Autowaschanlagen und Tankstellen, mit Brennnesselbüschen, die in den Ecken wachsen, und Dieseldunst. Peter geht etwas näher zu den Waschanlagen, wo Seifenwasser auf die Autos spritzt und sich über den Boden ergiesst und abfliesst, aber wohin? Wohin geht das Wasser, das aus den Waschanlagen fliesst? Peter folgt dem Wasser, das rinnt und im Abflussgitter verschwindet, weiter wird es schwierig, er passt nicht durch, aber einmal wird er dem doch nachgehen müssen, wohin das Wasser der Autowaschanlagen geht, nur damit das klar ist.

Und so vergehen die Wochen, die sich gleichen, da Peter zwischen den Rangiergleisen und den Autowaschanlagen weitergeht und dabei jede Passantin mustert, denn es könnte irgendeine Sie sein mit dem Blick der ihn anblickt und dem Lächeln das ihn anlächelt, aber dann auch wieder njet, es gibt nur Eine und er wird sie erkennen müssen. Es ist so schwierig wie die Zeitung zu lesen, jedes Gesicht liest sich anders. Zum Beispiel ist das Alien von der Nina, die unterdessen wieder im Café du Nord arbeitet, eine Sielinette, aber die Chemie stimmt, wie sie sagt, denn sie und der Peter haben es gut. Sie spachteln gerne ihre Spitzbuben zusammen und ziehen ein Konfigesicht, wann immer es passt.

Peter entziffert die Horoskope für jedes Sternzeichen, er folgt mit dem Finger allen Buchstaben und versucht, dasjenige auszuwählen, das ihm am besten gefällt, aber am Ende hat er schon die Hälfte des Gelesenen vergessen. So schliesst er die Augen und setzt den Zeigefinger mitten auf die Zeitung. Steinbock. Geld, der Hügel schaut auf die Maus. Gesundheit, furzt der Esel, trabt er schneller. Liebe, tausch eine Ameise gegen einen Floh. Das mit dem Esel, der auf dem Hügel furzt, ergibt keinen Sinn. Er bestellt einen Kafi please, aber Nina vergisst den Kafi, denn ihre ganze Aufmerksamkeit gilt der Sielinette. Ein Kafi bitte, versucht es der Peter nochmals, keine Chance. Er vergisst das Horoskop- und Kafidings, steht auf, gibt Monsieur l'auteur die Hand, der kleine Buchstabenhaufen auf Bierdeckel kritzelt, dann dem Bernhard, der sein Los rubbelt, um drei Kirschen auf die Reihe zu kriegen. Nichts scheint sich zu ändern, Veränderungen sind wohl für die andern da.

Er verlässt das Café du Nord und schlendert durch die sonnendurchfluteten Strassen, Wyssstrasse, Müllerstrasse, Liechtistrasse, Falkensteinstrasse, Zuberstrasse.

Im Vorübergehen reisst er kleine, ovale Blätter vom Buchsbaum und zerreibt sie in den Händen, oder dann Thujabüschel, Efeu, der sich entrollt. Wenn er danach in der Nase bohrt, riecht es stark nach dem Unterholz der Kindheit. Er wischt die Finger am Hosenboden ab.

Er kommt zu einem Schulhof. Zwei Hirschskulpturen im Zementgiebel und der Brunnen, der sein klares Wasser spuckt. Niemand ist da, die Glocken läuten, die Brise bläst durch die Bäume. Peter setzt sich auf die Bank vom Kastanienbaum. Dessen Blüten steigen als weisse Kerzen himmelwärts, unter den grossen Blättern gibt's ein Schattenspiel auf den Lidern. Peter spürt, wie die Sonne sein Gesicht streichelt und der Schatten es erfrischt, réchauffe encore puis rafraîchit, réchauffe, erfrischt, réchauffe, rafraîchit, rewärmt, rafrischt, wärchaufft, erfraîcht, réwärfft, rafräscht, aufchaufft, erfräscht, et bien öppe so, mmmh. Peter ist eingeschlafen, die Handflächen grün vom Chlorophyll.

Fühl jetzt die Stille der leeren Zimmer. Durch die Vorhänge verteilt sich das Tageslicht, nimmt zu und ab, bald versteckt, bald von den Wolken enthüllt. Fühl jetzt die Sonne, die sich in geometrischen Flecken auf dem Parkett verteilt, und den Staub, der im Licht tanzt. Und man fragt sich, ob das alles ist? Ja, das ist alles. Hier ist, was man jetzt und für immer besitzt, ein Dreieck aus staubigem Licht auf dem Parkett, nicht mehr, nicht weniger. Weder Heimweh noch Hoffnung. Fühl das. Also verliert man seine Zeit, indem man umherirrt, man tritt in Läden ein, ohne recht zu wissen, was man eigentlich sucht, noch, was man kaufen kann, und man geht wieder hinaus, ohne zu wissen, was man gesehen hat. Man wandert von einer Kneipe zur anderen, man schaut nach den Dingen rechts und links, man feilscht um Zigaretten mit ein paar ans Geländer gelehnten Typen, man läuft in den eigenen Fussstapfen und tut, als wisse man es nicht. Man durchstreift wieder und wieder die gleichen Strassen mit den gleichen Schildern, man trinkt Kaffee zu horrenden Preisen, bis der Geldbeutel schliesslich um all seine Münzen erleichtert ist und man in irgendeine Richtung verschwindet, erschlagen von diesem Tag, der nie wirklich begonnen hat.

PETERLI, SPERR DIE LAUSCHER AUF, verkündet Monsieur l'auteur und zieht einen auf der Rückseite vollgekritzelten Kassenzettel hervor.

Er dachte in seiner Unschuld, er spreche die Sprache des Orts, die Bewohner und ihre Sitten hätten offene Arme, aber die Wörter verheddern und überstürzen sich, man zeigt ihm die kalte Schulter. Auf seinen Irrwegen durch die dämmrigen Strassen macht sich ein Graffito bemerkbar, das auf seine Einsamkeit weist, das Angebot eines Beerdigungsinstituts, der hartnäckige Geruch von faulen Pflaumen, das Bellen der Hunde. Und der Schwindel kehrt zurück. Im Gehen fällt ihm auf, dass seine Fäuste und sein Kiefer zusammengepresst sind, da verlangsamt er den Schritt beim Überqueren einer Brücke. Sein Blick richtet sich auf die Stadt, der Putz fällt von den Fassaden, Verfall und eifriger Wiederaufbau. Er findet eine Münze zwischen den schlecht gefügten Pflastersteinen.

Na, was hältst du davon? Peter schüttelt den Kopf, Monsieur, der Peter kennt keine Lauscher und Ihre Figur muss einmal Siesta machen. Monsieur l'auteur denkt einen Moment nach, das sind sicher die Symbole und der Sinn für die Geschichte, du Peterli bist einer dieser weissen Schmetterlinge, die jeden Tag neu geboren werden, du kannst alles lernen, vergessen und wiederentdecken, aber ich bin ein mit schwarzem Blut vollgesogenes Löschblatt, mein Leben geht nicht mehr voran, mein Horizont ist diese Kneipenecke. Monsieur, Ihr Kaffee wird kalt.

So teilt Monsieur l'auteur seine Prosa mit ihm, so hört der Peter zu, so ruht der Kaffee in sich, ohne getrunken zu werden.

Der Kollege hingegen hatte letzten Winter Frostbeulen an den Zehen, schlimme mit Blasen, aber jetzt ist die Sonne da, also liegt er auf einer Bank vor der Kirche. Er hat das Gesicht eines heiteren Tscholis.

Die Kirche ist ein Meisterwerk aus geradem Beton ohne Schnickschnack, sagt Bernhard, wie die Silos, tipptopp in Ordnung. Die Petits-bras sagen, sie mögen die Iglesia mit den Goldverzierungen lieber. So gibt's im Café du Nord eine Debatte ohne Schwanz und Kopf über die Kirchen und darüber, welche die schönste ist, man schnappt sich alle Kneipenbesucher, die sich doch raushalten wollten, und zwingt sie dazu, ihre Meinung zu äussern. Ja schoklar, aber hallo, die

Kirche soll wie unsere Religion sein, schlicht und sparsam, gäll. Pipapo, sie muss doch ein mächtiges, grandioses und blühendes Werk darstellen.

Und dann vergisst man den Kollegen, der unter den grossen Kastanien pennt. Strenge, in Stein gemeisselte Gestalten schauen ihn an, sie bleiben das ganze Jahr draussen und sind nach und nach verwittert von Hagel und Taubenschiss. Möglich, dass es manchmal ein kleines Chrüsimüsi gibt, dass die einen zu den anderen werden, dass ein Körper einen Geist aufnimmt.

Peter sitzt auf der Bank gegenüber. Eine der Gestalten könnte Mischas Geist aufnehmen, der den Kollegen schlafen sähe. Sie würde ihm vielleicht fünfzehn Prozent Rabatt auf die Beratung geben, denn jemanden schlafen zu sehen zwingt zu Zärtlichkeit. Oder dann der Körper der Frau aus dem unteren Stock, der Namenlosen Nachbarin, könnte den Geist einer dieser Gestalten mit Patina aufnehmen, und dann hätte sie wieder Erinnerungen, nicht die ihren, schoklar, aber immerhin Erinnerungen. Der Peter hat manchmal den Eindruck, gegen seinen Willen Geister aufzunehmen, die direkt in sein Ohr dringen mit den Maiechäferli, und dann ist es, als ob jemand oder etwas von ihm Besitz ergreift, und alles scheint ihm ein wenig schräg zu geraten unter dem Auge und der Hand.

Peter und so weiter ist wohl eingeschlafen auf der Bank gegenüber dem Kollegen. Er wird von einem Tross von Joggern geweckt.

Bei ihrem Anblick denkt er an das Gespräch zweier Freundinnen, das er einmal im Zug gehört hat, als er in die Einsamkeit ausgezogen war. Eine der beiden kam aus dem Schwimmtraining mit ihrem kleinen Sportsack über der Schulter. Die Freundin mit dem Sack sagte der Freundin ohne Sack, du merkst, wie deine Muskeln sich entwickeln, du siehst den Unterschied, Körper und Geist sind verbunden, du wirst jemand anders, Ehrenwort.

Peter fragt sich, weshalb man denn jemand anders werden wollte und ob es so etwas wirklich gibt, ob Schwimmen wirklich die Lösung ist. Vielleicht sollte er eher ins Fitness gehen und Ambosse heben, oder Ankerpoller mit der Frau aus der Werbung. Aber das macht ihm ehrlich gesagt ein wenig Angst. Und überhaupt, warum sollte er mit Sport anfangen, warum nicht umgekehrt, der Sport fängt an und Peter entscheidet danach, ob es ihn reizt oder nicht.

Peter kann an der Oberfläche des Flusses bleiben, aber voran kommt er nur, weil die Strömung ihn trägt, das weiss er. Wird er wohl auch ohne Strömung an der Oberfläche bleiben können, in einer dieser Badis, die aussehen wie grosse Wannen? Peter schwimmt mal so, mal so, er schwummert, er treibt, könnte man sagen, aber er macht seinen Weg zwischen den beiden Ufern.

Unter Wasser entdeckt er schweigsame Erscheinungen. Es sind Körper, bald mit, bald ohne Kopf, die auf- und eintauchen, die nach bestem Können wirbeln und wälzen. Manchmal trifft er unter Wasser passgenau auf den Nachbarn in der Schwimmbahn, Peter packt die Gelegenheit für ein Grüzi, wie geht es Ihnen eute? Aber nachdem er mehrmals Wasser geschluckt hat, beschliesst er, auf Handbewegungen umzustellen. Der Bahnnachbar ignoriert ihn, was sehr unhöflich ist, wie Peter findet, besonders, nachdem sie sich in die Augen geschaut haben. Oft spuckt der Bahnnachbar beim Crawl in die Gegenrichtung walfischartig eine Mischung aus Luft, Wasser und Speichel auf Peter, wenn sie sich auf gleicher Höhe kreuzen, was einigermassen unangenehm ist. Oder dann wirft der andere beim Rückwärtscrawl seine Arme nach hinten ohne zu schauen und verpasst dem Peter bei jedem zweiten Zug eine Ohrfeige. Oder, schlimmer noch, eine schnellere Schwimmerin überholt ihn und er muss mehrere Meter lang parallel zu dieser Unbekannten die Ellbogen ausfahren, bis sie endlich weiter vorne ist. Er nimmt sich ein Beispiel an den anderen und versucht es mit verschiedenen

Hilfsmitteln, Schwimmbrett, Flossen, Handschuhen, aber damit ist er noch ungeschickter und die Schwimmerinnen und Schwimmer schwadern ihm um die Ohren.

Schliesslich wählt er die Freistil-Bahn zuhinterst im Becken. Es ist ein grosser Tummelplatz, wo jeder auf seine Weise schwummert. Mit dem Sport ist nicht zu spassen, so viel hat er verstanden. Wenn Peter aus dem Wasser steigt und seine zu kleine Schwimmbrille abnimmt, lässt der Saugeffekt die Augen aus den Höhlen quellen, so dass er perplex aussieht. Er setzt sich.

Die Dorfbadi ist ein grosses Treibhaus, in dem die aufs Wasser schlagenden Hände und Füsse, die leise Stimme eines Bademeisters, die Wortwechsel zwischen zwei mit den Ellbogen am Beckenrand aufgestützten Freundinnen widerhallen. Die Sonne birst auf der Glaskuppel und zerstiebt im Chlorgeruch, auf den Fliesen, im Wasser.

Er bleibt da, versunken in den Anblick der lichtüberströmten Körper. Rund ums Becken schwingen die Schwimmerinnen und Schwimmer ihre Arme, die Muskeln schlackern um die Knochen, manche reissen sich ein Bein aus und versuchen, es mit dem anderen zu verknoten. Sie haben Dellen, Buckel, Spalten, Gipfel. Eigenartig, diese Quadratmeter Haut, die ein Leibeshemd bilden, das sich aufrichtet, streckt und dehnt. Peter mustert jeden einzelnen, dann wirft er Blicke und Lächeln in die Runde, um zu sehen, ob man ihm einen Blick oder ein Lächeln zurückgibt. Aber nüt isch.

Grüezi, wo sind Sie dihei?, fragt die Namenlose Nachbarin jeden Tag den Peter, der seit fünf Jahren im oberen Stock wohnt. Er ist seit fünf Jahren da, antwortet Peter. Sie kneift anmutig die Augen zusammen und geht näher zu ihm hin, und in ihrem Blick versteckt sich die Verzweiflung, dass sie dieses Gesicht nicht in einem bereits vollen Gedächtnis unterbringt.

Er sieht sie, leicht nach links gebeugt, wo sie sich auf einen Stock stützt. Der himbeerfarbene Pyjama der Namenlosen Nachbarin ist etwas fehl am Platz, sagt sich Peter. Erste Spaziernade heute für sie, vom Hauseingang bis zur Brache, etwa zwanzig Meter weiter und wieder zurück und so weiter drei Mal, dann hopplahopp in den Lift. Der Arzt hat ihr empfohlen, gegen den Schmerz im linken Bein jeden Tag zu Fuss zu gehen. Es bringt nichts, sagt sie.

Die Namenlose Nachbarin geht ihre Strecke hin und zurück und schiebt nur sich vom Hauseingang zur Brache, sich und auch ihre erdbeerfarbenen Finken. Zwischen Himbeer und Erdbeer denkt Peter an jene Dessertkarten, auf denen regenbogenfarbene Pyramiden in der Sonne schmelzen. Dies beim Anblick der Finken, welche die Namenlose Nachbarin bei jedem Schrittchen nur ein klein wenig weiter schubst als ihren nackten, über den Boden scheuernden Fuss. Die aufgequollene Ferse ruht einige Sekunden auf den Waschbetonplatten, dann zieht sich der Fuss für einen kurzen Moment in den Finken zurück, ohne wirkliche Energie, doch es reicht, damit die Zehen die Spitze des Finkens erreichen und diesen weiterstossen, bevor sie ihn wieder verlieren. Finke oder Fuss, der rechte oder linke, wer wird gewinnen?

Sie, die Frau aus dem unteren Stock, scheint die Spannung nicht bemerkt zu haben, die bei jedem Weg wieder aufkommt. Sie interessiert sich für anderes, das Wetter zum Beispiel. Ich spüre den kommenden Regen in meinen Gelenken. Peter stellt sich den Regen in den Knien der Namenlosen Nachbarin vor, deshalb hat sie wohl Schmerzen in ihren geschwollenen Beinen, und da hat ihr der Arzt bestimmt Fussmärsche empfohlen, um das ganze Wasser verdampfen zu lassen, das sich jetzt in ihren Knöcheln staut, die Ärmste, das muss wirklich unangenehm sein. Wenigstens steht niemand in ihrer persönlichen Warteschlange.

Peter scheint es, als brauche sie seit einiger Zeit immer länger für ihre Spaziernaden. Vielleicht ist das Rennen bald zu kehrt. Sag, warum gehst du nicht zurück? Gigi spricht nicht davon, er stellt sich taub, um die Frage auszutricksen. Peter ist ihm nicht böse, das ist eben der Gigi.

Weisst du, Pietro, im Leben muss man mit seinen Mitteln auskommen und tun, was getan sein muss, mit Bescheidenheit. Ich habe das schnell verstanden. Als ich klein war, wuchs eine seltsame Krankheit in mir, eine Art Pflanze, aber eine giftige. Der Doktor wusste, dass es dagegen kein Heilmittel gab, Sant'Iddio. Da hat meine Tante die Rosa gerufen. Es hiess, ihr auf der Strasse zu begegnen bringe Unglück, und andere wilde Geschichten. Aber zwischen Leben und Tod wurde doch immer die Rosa ans Krankenbett gerufen. Weisch, sie hat ämäl mit Bescheidenheit getan, was getan sein musste, und mich gerettet, verschtaa? Am Ende des Satzes packt Gigi etwas unter seinem T-Shirt und umklammert es fest, Sant'Iddio. Pietro hat sich in Gigis Blick verloren, seine Augen haben zwei dicke Fische in einem Fischernetz gefangen. Gigi steht auf, los? Okay, und sie machen sich wieder auf den Weg, auf den, der ins Café du Nord führt.

Das Schweigen hat sich jetzt zwischen die beiden Freunde geschlichen, gleich einem Kind, dem man auf jeder Seite die Hand gibt, während es Sprünge macht wie ein Kälblein.

Der Sommer ist eine Hand, die dem Licht den Schatten raubt. Das jedenfalls scheint Gigi zu denken, der mit schwerer Seele geht. Auf der Terrasse stehen Alu-Stühle schräg herum und kleine Tische mit ungleichen Beinen. Das reicht für den Charme und den Apéro, um den Tag zu beenden. Das jedenfalls scheint Gigi zu denken, der sich auf den schrägen Stuhl setzt. Und als die beiden Freunde die Ellbogen auf den Tisch stützen, wackelt dieser je nachdem, wo sie die Platte belasten, er wackelt mal nach rechts, mal nach links, und letztlich ist es besser, die Ellbogen gar nicht auf den Tisch zu stützen und tief in den Stuhl zu sinken, um den Himmel und die Vorübergehenden anzusehen, und alle diese Dinge.

Zwischen ihm und Pietro ist das Schweige-Kälblein immer noch da, es liegt auf der Terrasse mit zitternder Flanke.

Gigi bestellt Birre für den Durst und zwei Dutzend scharfe Oliven in einer Plastikschale. Die Junihitze bläht die Strassen, der Tag kommt an sein Ende. Die Oliven sind ölig und bläulich, Gigi denkt an die Farbe gegrillten Tintenfischs, und das bringt ihn zurück zum Meer in der Bucht von N., malvenfarben, dunkel, verlockend, riesig, atemberaubend, vertraut, lebendig. Eine Woge wunderbarer Albträume schlummert in der kleinen Plastikschale, Gigi wehrt sich mit Zahnstochern, magere Verteidigung, sù, wie viele Birre, wie viele Flaschen ins Meer, wie viele wie viele, die Gischt schäumt unter der Zunge, schlägt gegen die Zähne, steigt stockend und leckt den Gaumen. Gigi hebt die Augen, fragt warum, Salzwasser stösst auf in seinem Mund, seine Kehle ist ein Vulkan, der Wolken speit, riesige Lokomotiven, die die Landschaft in den Himmel ziehen, rosa Blumenkohlköpfe, die den Horizont auffressen, ihm flutartig Birre bringen, Tintenfische, Oliven, Erinnerungen.

Plötzlich ist das Meer ruhig und er hört das ferne Rauschen der Brandung aufsteigen, durch eine Strasse von N. zur nächsten, bis es in seinem Zimmer schäumt. Er ist in seinem Kinderbett und Rosa massiert seinen Brustkorb. Sie legt ihm ein Amulett mit dem Teufelshorn um den Hals. Gigi hustet trocken und schwitzt nachts. Er liegt dünn und schmal in den grossen weissen Leintüchern. Der Doktor ist gekommen, um ihn zu untersuchen. Er hat ein kleines Feuer in Gigis Brust knistern gehört, er hat der Mutter ins Ohr geflüstert. Sie hat geweint, er ist fortgegangen. Rosa massiert seinen Brustkorb. Die gleichen Szenen kehren mit der Brandung zu ihm zurück. Gigi umklammert das Teufelshorn. Rosa liest Verse der alten Dichter. Ihre Stelen ruhen ganz in der Nähe im Garten der Welt, doch ihre Gedichte wandern von Mund zu Mund. Mit dem Speichel, den sie erzeugen, wird Gigis Brust eingerieben.

Als Gigi groggy erwacht, umschliesst seine Hand das Teufelshorn, die Wolken über dem Dorf sind fort, die ersten Sterne da, Pietro sitzt noch immer neben ihm. Gigi setzt sich tief im Stuhl zurecht, seit wie lange schon? Seit vor den ersten Sternen, antwortet Pietro. Gigi reibt sich das Gesicht mit seiner rauen Hand, um sich von der Erstarrung zu lösen, er erzählt die Erinnerungen von N., vom Meer, von der Rosa. Und dann, hat sie dich geheilt? Ja, Pietro, sie hat mich gerettet. Gigi schüttelt den Kopf, los? Er denkt ans Zahlen, überlegt, ob er genug Münz hat. Sechs Birre, und die Oliven gehen aufs Haus. Vero? Klar. Das macht also drissg Frankä. Va bene, va bene.

Die Petits-bras erklären, also die Bonitos oben rechts, links Thon und Sardinen, darüber die Calamares, darunter in der Mitte die Rankenfusskrebse, dicht an den Muscheln, verstehst du? Pedro nickt um zu sagen, Ja, Petits-bras. So weit bis jetzt, nachher schauen wir weiter für den Käse und den Rest, vale? Pedro nickt um zu sagen, Ja, Petits-bras.
    Die Vormittage gehen langsam vorbei, aber der Geist ist

gut beschäftigt mit den Meerestieren in Alubüchsen, die man nicht der Grösse oder Farbe nach ordnen soll, sondern nach dem, was drin ist. Bei den Meerestieren wollte man kein Foti, wie sie früher waren, auf die Packung kleben, weil wenn sie mal in der Büchse sind, sehen sie so anders aus, dass die Kunden nicht geglaubt hätten, dass es früher mal lebendige Bonitos im Wasser waren, mit Schuppen, die im Licht blitzen, sagen die Petits-bras, die sich mit Fischen auskennen.

In ihrem Laden besprechen die Petits-bras die Organisation ihrer Reise mit ein paar Freunden, die nichts kaufen. Diese geben ihnen Ratschläge zur Reiseroute. Pedro räumt die Büchsen in die Gestelle. Seit einigen Minuten, oder vielleicht mehr, steht er still. Hinter der Theke ist eine Madonna in ihrer vergoldeten Mandorla, sie ist von einer Girlande mit elektrischen Kerzen umgeben. Die Petis-bras wissen gewöhnlich, wann Pedro arbeitet, denn sie hören das leise Gemurmel. Aber jetzt ist Pedro vom Geist der Madonna eingenommen und bleibt stumm.

Die Petits-bras entschuldigen sich bei ihren Freunden und gehen ein paar Schritte auf Pedro zu. Sie legen ihm freundlich die Hände auf die Schulter. Sie lächeln und zünden die Girlande mit den elektrischen Kerzen an. Man braucht Hoffnung, Pedrito. Und sie hier gibt sie uns, sagen sie und bekreuzigen sich. Pedro will es ihnen gleichtun, aber sein Kreuz gleicht eher einem seltsamen Umriss, einem von denen, die man zeichnen musste, indem man die Punkte im Heft verband. Die Petits-bras sagen, Pedrito, morgen du musst nicht helfen kommen, da gehen wir auf die grosse Reise, die Ana heilen wird.

Dann helfen alle, die letzten Alubüchsen einzuordnen, und auch die Käsesorten. Es gibt die Verabschiedung auf dem Treppenabsatz, sie sagen Adios Pedrito mit feuchten Augen. Und Pedro auch, Adios Petits-bras, Adios Ana, die in etwas Ähnlichem wie Schweigen sitzt und die Augen zur Decke dreht.

Der Sommer ist schroff vor Licht. Dbuebe und Dmeitli spielen halbnackt im Brunnen des Oberdorf-Parks. Dbuebe haben Froschbäuche und Dmeitli haben zwei Eichhörnchen-Nüsse verborgen in der Brust. Ihr Lachen spritzt helles Wasser ringsum, manchmal gibt's auch Weinen und Geschrei. Die Freundinnen lächeln geheimnisgetränkte Lächeln, die Finger ihrer Hände suchen Kühle um den Spritz, da, wo das Licht sich auflöst und die Feuchtigkeit perlt. Auf der Stirn rieseln Schweisstropfen und verstecken sich in den Augenbrauen. Alle nehmen einen Spritz. Fürs Erste.

Dminimeitli sitzen im Gras, sie spielen mit Tannzapfen oder besser noch mit Ameisen, manchmal essen sie sie, und dann ist die Zunge einige Minuten lang von der Säure gelähmt. Jänu, man kann nicht auf alle aufpassen, sonst gibt's keinen Spritz.

Dmaxibuebe rennen dem Müllwagen hinterher. Er kommt nur einmal pro Woche, man darf ihn nicht verpassen. Die von der Gemeinde packen die prallen, rappelvollen Müllsäcke und werfen sie mit nur einer Hand flink in den stinkenden Schlund. Dmaxibuebe stellen sich vor, aus Versehen oder aus Bosheit hineingeworfen zu werden. Der heisse Geruch dreht den Magen um, er zieht durch die Strassen hinter dem Wagen her. Sie wissen, was sie wollen, aber sie wissen nicht, weshalb. Sie nehmen einfach.

Peter, der für die Siesta im Park war, beschliesst, lieber dem Müllwagen zu folgen, nur so, um zu sehen, ob das etwas bringt für seine Suche. Wer sagt denn, dass der Müllwagen nicht zum richtigen Leben führt?

Peter trappelt also in Trippelschritten, vorbei am Kollegen und an der Kollegin, die in unmögliche Diskussionen verwickelt sind, in Richtung des kleinen Kiosks mit seinen Dutzenden von abgerubbelten und auf den Boden geworfenen Kartonstücken, wie eine Art halbvoller Fruchtsalat, dem Bahnhof entlang, wo sich Gruppen von glänzenden Jugendlichen versammeln, trampt in eine Schlammpfütze mit ein paar Zigarettenstummeln. Schliesslich erreicht er ausser Atem den Bereich des Dorfs und muss den Müllwagen, der viel schneller ist als er, ziehen lassen.

Es ist das Nachmittagsloch, in dem alles stillzustehen scheint. Peter setzt sich auf eine Bank, um Atem zu schöpfen. Keine Spur des Unbekannten oder der Unbekannten. Er weiss, dass er sie treffen wird, aber er weiss nicht, wann noch wie. Amänd hat er sie schon getroffen, ohne es zu bemerken. Von Zeit zu Zeit gibt es doch eine oder zwei neue Erscheinungen, aber sie sagen Peter nichts, da ist kein Feeling. Er hat seine Dächlikappe vergessen, und die Sonne brennt ihm auf den Schädel, sein Geist verflüchtigt sich nach und nach, mit stetem Blick auf den Horizont des heissen Asphalts.

Geh sag den Himmel, sonnenweiss, er platzt aus allen Nähten unter dem Licht, das jeden Wetterhahn, jede Klinke, jeden Winkel, jede Häuserfront zerfrisst, abfeilt und zu Schatten mindert. Geh sag den Sommer, wenn jeden Abend das ganze Gold an unseren Türen stirbt, die ganze heisse Luft, die den Raum einiger Monate füllt, das ganze Kindergeschrei, dessen Splitter sich in Parks, Schwimmbädern, Flussufern verlieren, all diese am Ende des Sommers kupfernen Körper, diese langen, matten Tage auf Rasen und Stränden, die ganze Freude, die aus der Sorglosigkeit quillt. Geh sag die schönste je erahnte Landschaft im sanften Julimorgen, in gesäumten Baumwoll-Laken, in dem petrolblauen Licht, das durch die Storen dringt und sich auf diese Haut setzt, sodass man sagt, ja, die schönste Sommerlandschaft ist der Rücken dieser nackten Frau, der sich mit dem stillen Brot in der klaren Frühe hebt. Geh sag diese Zeit der Hitze, die sich hinzieht, bis sie zum unsichtbaren schwarzen Saum im Augenwinkel wird, die andere Facette all dieser Freude, die Melancholie, man weiss nicht, woher noch wohin, und doch trägt sie den Stempel des Sommers.

HEUTE MORGEN HAT PETER den Kragen seiner Jacke hochgestellt und er hält ihn mit einer Hand um den Hals geschlossen, die anderen Passanten ebenso, alle gehen mit festen Schritten in der frühen Dämmerung. Peter nimmt den Zug an einem Septembermorgen, er zieht aus in die Einsamkeit.

In der Wärme des Wagens angelangt, löst sich alles und die Schritte, die Hände, die Kragen lockern sich in den Sitzpolstern. Der Zug fährt ab.

Ein Mann mit eingesunkenen Augen schaut unruhig auf sein Horoskop. Jungfrau. Besser, man verliert die Milch als die Packung. Eine schöne Dame im Tailleur nimmt ihr Händy heraus, sie schreibt schnell, vielleicht Mails, oder Krimis. Beide sind hochkonzentriert, sie sehen aus wie Eier, schön und nebeneinandersitzend. Es gibt auch Bergleute in Leuchtfarben, die seltsame, von spitzen Stöcken überragte Rucksäcke tragen. Zu jeglicher Uhrzeit sind sie sehr zufrieden, hier zu sein, und lassen es den Mann mit dem Horoskop und die Dame mit dem Händy durch laute Lachsalven wissen. Was haben sie gefunden? Peter wiederum schaut nach draussen auf die Felder, die den Nebel als Umhang tragen, er wabert zwischen Bauernhöfen und Obstbäumen, der erste Sonnenschein wird jeden Moment fallen und der Morgentau wird auf die Schindeln rieseln.

All dies geschieht in so naher Zukunft, dass man sich fragt, was nur zwischen der Gegenwart und diesem Moment stattfinden kann. Die Zeit vergeht und da ist noch immer nichts. Manchmal gibt's Rehe, Wolken, den Mann mit dem Wägeli mit seinem Refrain von Birre Sandwich Mineral, und man weiss nicht mehr genau, was drinnen ist und was draussen, alle Gesichter treffen sich in der Scheibe des Waggons.

Beim ersten Sonnensplitter rieselt der Tau nicht auf die Schindeln, sondern auf sein Gesicht. Peter hat einen Lichtkranz auf der Stirn.

Und so vergeht der Tag beim Anblick der vorüberziehenden Bäume und Wolken, der Bahnsteige, der Reisenden, die einsteigen, und derjenigen, die aussteigen. Ein rollender Tag mit kurzen Halten um zu verschnaufen, ein Tag ohne Anfang und Ende.

Die Bergleute in Leuchtfarben mit seltsamen, von spitzen Stöcken überragten Rucksäcken sind zurück. Sie ziehen ihre Wanderschuhe aus und nehmen in allgemeinem Geplapper die Picknickreste hervor. Ein wahrer Hühnerstall. Der Mann mit den eingesunkenen Augen und die schöne Dame im

Tailleur stehen auf und gehen in einen anderen Waggon. Es riecht nach Kuhfladen.

Heute sind sie auf der Alp spaziernaden gegangen. Sie schauen die Fotis auf ihren Händys an und Peter wirft seinen Blick über die Schulter des Nachbarn. Offenbar sind die Täler dort hängend, sie scheinen sich im Licht auszubreiten und von Vipernringen durchzogen zu sein. Es gibt sogar ein Video, das das Ganze von jemandes Kopf aus aufgenommen hat. Im Video scheint alles zu sprechen, Gebirgsbäche, Pinienwälder, Geröll, Rhododendren, Tau. Es spricht auch in Peters Innerem. Er spürt, dass er etwas Rohes hat, wenn er spricht, die Wörter sind für ihn mühselig aus dem Boden gewonnenes Erz. Da schliesst er die Augen und stellt sich vor, wie er im Video die verfaulenden Stümpfe hebt, das tote Holz umdreht, den Käfern in die Ohren flüstert, den Kalkstein ableckt, das Ohr zum Wind hin dreht.

Wo Peter wohnt, ist die Brache, und in der Brache gibt es Campingwagen und hinter den Campingwagen wird ein Getreidesilo gebaut, das sage und schreibe tausend Tonnen Korn pro Tag mahlen kann. So Bernhard. Für ihn sind die Campingwagen eher die Wagen der fahrenden Leute. Auf der Brache rennen die Kinder, bellen die Hunde, trocknet die Wäsche, erheben sich Stimmen und Bratgerüche.

Das Silo wächst jeden Tag um einen fensterlosen Stock. Abends blinken einige Lämpchen und Peter stellt sich die Kräne vor, wie sie sich still drehen mit ihren Doppelkirschen um die Ohren, den Arbeitern, die zupacken, um fertig zu werden, bevor der Herbst kommt. Die fahrenden Leute spüren auch, dass der Herbst naht, oft kommt eine Person durch die kleine Türe heraus, beugt sich nach draussen und blickt zum Himmel. Die Bewohner des Dorfs haben noch nicht mal ihre Sommerkleider gegen die Herbstkleider getauscht, so beschäftigt sind sie mit der Organisation ihrer Garden Partys, aber die Arbeiter und die fahrenden Leute haben es gespürt. Peter auch. Er wollte die Bewohner benachrichtigen, aber niemand hat ihm zugehört.

Eines Morgens staunen alle über die Kälte und in den Beizen spricht man nur noch vom drohenden Herbsteinbruch, den neuen Manteltrends oder den Mitteln gegen Erkältungen.

Das Silo ist fertig und die Wohnwagen sind fort. Leere Plätze der Bohrmaschinen und des Gelächters, Arbeiter und fahrende Leute im Wind.

Jetzt weht in der Luft ein leiser Geruch nach Mehl, der dem Silo entweicht. Peter folgt ihm mit geschlossenen Augen durch die Brache unterhalb seines Hauses und trifft zufällig Monsieur l'auteur, der umherstreift.

Monsieur l'auteur, was tun Sie hier? Peterli, ich sammle, was die Leute zurücklassen, dieses Dorf durchziehen Zonen wie Maschen ein Netz, Fugen ein Parkett, Sprünge einen Tisch. Monsieur, hat es Krümel drin? Peterli, wenn man so will, ja, es hat vergessene Dinge, zerkleinerte Ziegel, in den Schlamm gestanzte Socken, Pferdeäpfel, Wildgräser, Kratzbeeren, eine leere Flasche als Lockvogel, hart gewordenen Zement in einem Eimer, hastig mit den Zähnen aufgerissene Präservativ-Packungen, Krähen, die sich um die schwarzen Novemberbeeren streiten, Plastiktüten, den Geruch einer Ecke, in die man zu urinieren pflegte, gebrauchte Spritzen, Katzennester, vertrocknete Vogeljunge, braune Pfützen, weissen Staub, einen Mikrowellenherd, Glasscherben, und so weiter.

Monsieur, was machen Sie mit diesen Dingen? Ich stopfe sie in gebrauchte Leinenschlafsäcke, schnüre die Öffnung oben zu und lasse sie in einer Ecke verrotten. Ab und an schüttle ich sie gut durch, damit es sich vermischt, man muss auch mit der Nase dran um zu wissen, wann es so weit ist, selbst wenn das oft nicht sehr appetitlich sein mag. Wann ist es fertig, Monsieur? Nun ja, man weiss es nie sicher, das hängt vom Zustand der Verwesung ab, aber vor allem ist es eine Frage des Instinkts.

Monsieur, glauben Sie, dass der Peter Die mit dem Blick der ihn anblickt und dem Lächeln das ihn anlächelt finden wird? Glauben Sie, sie ist in einer Masche des Dorfs versteckt? Wenn Sie sie finden, könnten Sie es dem Peter sagen, statt sie in Ihren komischen Schlafsack zu stecken? Peterli, mach dir keine Sorgen, ich bin sicher, dass du sie finden wirst, und wenn ich sie sehe, bin ich der Erste, der dich benachrichtigt. Peter geht weiter. Er nimmt seine Suche wieder auf und man wird ihn lange Wochen nicht mehr sehen, in denen die Nacht jeden Tag etwas mehr verzehrt.

Sieh längs des Flusses den Nebel nach Kälte, nach Erde, nach Moos riechen, er kriecht in die Nasenflügel. Man sieht nur die roten Beeren des Sanddorns oder den Mond. Das Wasser unter den Sanddornsträuchern schlingert leise, ein Möwenschwarm fliegt unter dem Mond. Da sind kleine Schrebergärten mit blauem Winterlauch darin, Kohl, Rüben, Kürbisse und schöne Kratzbeeren gegen die Kürbisdiebe. Auch Hagebutte für die Kinder. Sieh längs des Flusses den Nebel sich mit Vogelgesang schmücken und die violetten Neonlichter der Fabriken sich verschwommen und versprengt im Himmel auflösen. Sieh längs des Flusses den Nebel all die schwebenden Lichter in die Nacht tragen, in diese Nacht, die kommt, sie kommt gewiss, sie ist schon da. Jeder glaubt, übt und verziert sich nach eigenem Gutdünken. Wenn alles andere uns ablehnt oder uns verboten ist, lässt man sich von solch Tausenden glühender Zeichen leiten, im Leben und an den Rändern.

EINE ALTE KONSERVENBÜCHSE prallt vom Boden ab. Peter im Müllcontainer öffnet Chübelsäcke, auch wenn es einen dabei schüttelt.

Er hat nicht aufgehört, im Dorf zu suchen. Er ist unzählige Strassen abgelaufen, schicke Boulevards und Sackgassen und die öffentlichen Toiletten des Unterdorf-Parks. Als man den Riegel aufbrach, sass Peter am Boden mit einer abgewickelten Rolle WC-Papier. Er konnte lange sagen, dass er alle öffentlichen Toiletten des Dorfs abgesucht habe, ohne etwas zu finden, und dass es, da diese die letzte auf der Liste sei, sich hier befinden müsse. Er betonte noch einmal, er suche sorgfältig, und griff dabei Mischas Worte auf.

Er hat jeden Baumstamm umrundet, jeden Kieselstein der Terrassen aufgehoben, in jede Wasserpfütze geschaut. Die Chips isst er nadisna, bis die Packung völlig leer ist, wie neu. Bernhard hat ihm erklärt, dass es keine Überraschungen in den Chips-Packungen gibt. Angesichts dieser Wüste hat Peter nach vielen Irrwegen begonnen, die Ränder zu durchforsten, mit dem Gedanken, es sei ihm vielleicht etwas entgangen. Er ist den Kanälen entlanggelaufen, hat in die Gullys geschaut, die Mülleimer geleert, verlassene Hütten besucht, Brockenstuben durchkämmt. Und das entzückt Monsieur l'auteur, der ihm manchmal von weitem folgt mit einem Leinenschlafsack, um unter Peters Händen wiedererstandene Sachen einzusammeln.

So ist er also in dieser Sackgasse gelandet, wo Container die Katzen aus dem Quartier anziehen und einige Typen, die hierher humpeln um zu pissen. So kommt der Kollege dazu, auf seinen Stock gestützt.

Hä, was ist denn das für ein Tier? Der Kollege geht näher zur Körperhälfte ohne Oberteil, die im Halbdunkel vibriert. Er tastet mit dem Stock danach um zu schauen, ob das Wesen reagiert, aber es reagiert nicht, also drückt er etwas stärker in den Rücken, eh, oh, plötzlich erscheint der mit Chüder beschlüferte Oberkörper, aber das ist ja der Peter, was machsch au du da? Der Peter sucht. Scho rächt, aber was suchst du? Die ganzen Dinge, von denen alle sprechen, um öpper zu werden, um ändlich das richtige Leben anzufangen. Aha, ähm, ich bin nicht sicher, dass du das hier findest, aber es ist ufallfäll eine gute Ecke, um zu pissen.

Hallo Nina, einen Heida bitte, hallo Bernhard, geht's gut? Die Wahrsagerin hat mich verhext, verhext, verhext. Bernhard hat eine böse Zunge, er sagt dem Peter, die Schlappe schmecke nach Orangen-Konfi und man nehme es ihm nicht krumm, krumm, krumm. Seit einiger Zeit spricht er von nichts als seiner Arbeit, dabei hängt er immer im Café du Nord herum. Man weiss nicht mehr recht, ob er den Tresen stützt oder umgekehrt, er geht wieder, ohne zu zahlen und alle klopfen ihm freundschaftlich auf die Schulter. Als müsste man das Unglück der anderen berühren, um sich davor zu schützen.

Übrigens erzählt Peter, er habe es mit der Gämse genauso gemacht. Du hast diese haarige Geschichte schon hundertmal erzählt, du kannst sie für dich behalten. Aber der Peter will vom Auge der Gämse erzählen, und so weiter, unterbricht ihn Bernhard. Aber der Peter beharrt darauf, weil er ihn gesehen hat, den Jäger und seinen Schnurrbart, der so lang war wie sein Gewehr, nach einer Spaziernade auf der Alp, da hat er also gesehen, wie der Jäger durch den ersten Septemberschnee auftauchte, mit energischem Schritt und einem Militärdrillich über seinem Karsumpel und. Wir haben dir doch gesagt, dass wir diese Geschichte von A bis Z kennen, vom Jäger bis zur Gämse. Aber so lasst ihn doch erzählen, beharrt die Nina, hopp Peter, nur los. Also, zualleroberst eine Gämse, die der Jäger seitlich bei den Hinterbeinen hielt, und der Kopf des Tieres baumelte auf die andere Seite. Und gibt es diesmal keinen Hund?, versetzt der Bernhard. Ah doch, der Peter hat vergessen, vorher zu sagen, dass es auch einen Hund gab, den des Jägers, der ganz vergnügt war. Er erinnert sich an die Berge, aus denen das Feuer der Wolken drang, und an den Jäger, der nachts hinten im Bergbach schoss. Aber das kann er nicht sagen, er stottert, er hat den Sprach-Hitzgi, und er sagt schliesslich einfach, es war schön. Gut, bist du fertig? Nina sagt dem Bernhard, es reicht jetzt. Und auch da kann der Peter nicht gut erzählen, wie sein Blick sich ins Auge des Tiers vertiefte, wie das letzte Stück Himmel sich darin spiegelte. Der Bernhard hält es nicht mehr aus und macht den Sack zu, indem er erklärt, dass der Peter das noch warme, tote Tier gestreichelt hat. Siehst du, sogar ich kenne die Geschichte in- und auswendig, du hast sie hundertmal erzählt und noch dazu bestimmt erfunden, denn du hast deinen Fuss nie aus einem Zug gesetzt und bist nie auf die Alp gegangen.

Nina hat Humor und Punch, sie kann mit den Kunden umgehen. Sie klopft dem Peter auf die Schulter und sagt damit bravo, und der Peter klopft dem Bernhard auf die Schulter und sagt damit macht nichts, und der Bernhard klopft dem Tresen auf die Schulter und sagt damit, es reicht, es reicht, es reicht.

Das tut einem wirklich in der Seele weh, der Bernhard mit seiner bösen Zunge, der gerade die Kartonstücke mit seinem Hausschlüssel rubbelt, um drei Kirschen auf die Reihe zu kriegen, weil die Schlüssel vom Mitsu hat er nicht mehr, er hat ihn gebraucht verkauft in einer Garage vor dem Dorf.

Koste hier die Vororte. Man lässt sich von einem plötzlichen Freiheitsdrang auf die engen Strassen längs der vierspurigen Pisten tragen, die zu den Autobahnanschlüssen führen. Die versprochene Landluft ist ganz nah, die Glocken läuten und mit etwas Glück dringt der Geruch eines Saustalls in die Unterführung ein. Koste hier die Vororte. In diesen unsicheren Rändern wandert das Auge zugleich mit dem ausgreifenden Schritt, Werbetafeln, Versicherungsbüros, Warenlager, Möbelhäuser. Farbkübel gegenüber Schönheitssalons, Modulküchen neben Sexläden, Fahrverbot zwischen 07.30 und 12.00, Zubringerdienst ausgenommen, Stop. Maximalhöhe 2,5 m, Stop. Privatparkplatz, Stop. Benzin, Stop. Koste hier die Vororte, die Kirchen der Zukunft, die Felder mit Schwadenmustern unter der Himmelsglocke, die Nikotinpflaster, die ein Typ auf den Boden wirft, das kalte Morgenbier, das ein anderer in der Hand hält, die staubstarrenden Schnurrbärte und glasigen Blicke, schlussendlich dieser plötzliche Freiheitsdrang.

GRÜEZI, WO SIND SIE DIHEI? Er ist seit fünf Jahren hier, antwortet Peter. Dann geht's los mit dem Gespräch. Die Namenlose Nachbarin spricht von der früheren Zeit, dazmal, von der Zeit, als sie als Köchin drühundertsibäzg Stutz im Monat verdiente, als es dazmal noch die drei Bänke gab neben dem Haus, wo man sich hinsetzen konnte, wenn man vom Einkaufen kam, als es dazmal richtig ruhig war im Quartier, als dazmal die Leute Zeit hatten, Grüezi zu sagen.

Der Himmel streckt sich, die Hügel trinken, die Strassen zittern. Ist es in den Knien heute auch schön? Die Namenlose Nachbarin scheint die Frage nicht gehört zu haben, oder vielleicht hört sie nichts wegen den Glocken, die mit ihrem Zehnuhrgedröhn die kalte Luft zerschlagen, oder wegen dem Brunnen, der seine Schellen schüttelt, oder sie tut wieder so, als hätte sie Chabisblätter in den Ohren.

Sie hat ihr ganzes Leben lang im Dorf gewohnt, deshalb kennt sie das Wetter gut, sogar jenes der Zeit dazmal. Sie ist Expertin im Drüberreden und Vergleichen, sie kann sagen, es regnet nöd normal, es ist nöd normal kalt, die Sonne brennt nöd normal, der Wind weht nöd normal, es ist nöd normal bedeckt, es schneit nöd normal, das Wetter ist nöd normal wechselhaft, das Wetter ist nöd normal unsicher.

Peter würde die Namenlose Nachbarin gerne ausfragen. Wenn für sie alles nöd normal ist, müsste man vielleicht den umgekehrten Weg gehen, suchen, was für sie normal ist, das ist der Trick. Ein ersticktes Nöd kommt aus der Kehle der Namenlosen Nachbarin. Ein Kampf mit Blicken. Ach, wie ist dieser Falle zu entkommen? Die Namenlose Nachbarin rückt noch etwas näher zu Peter, er bemerkt ein paar weisse Haare, die von ihrem Kinn abstehen. Dazmal war normal, flüstert sie.

Dann dreht sie sich um und geht in Richtung Strasse für ihre Spaziernade.

Peter folgt ihr still und leise aus einigen Metern Entfernung. Das heisst, Peter folgt vor allem dem Rennen der Finken und der Füsse, aber da ist es nun wirklich schwer, auf die möglichen Sieger zu setzen, denn auch wenn die Finken immer einen kleinen Vorsprung behalten, sind die Füsse nie weit davon weg und holen bei jedem Schritt den verlorenen Abstand auf. Zwischen dem linken Finken, dem rechten Finken, dem linken Fuss und dem rechten Fuss scheint sich keiner richtig von den anderen abzuheben.

Bei der Brache angekommen, dreht sich die Namenlose Nachbarin um und steht plötzlich Peter gegenüber, der den Blick starr zu Boden richtet. Nun gilt es, ein anderes Gesprächsthema zu finden und die beiden suchen mit den Augen ringsum, um etwas aufzugabeln. Und dänn, versetzt die Namenlose Nachbarin, die diesmal schneller war, fangen sie an zu wärchen, ändlich öppis, ja bigoscht, gäll. Peter betrachtet das fertiggestellte Silo, das sich hinter der Brache erhebt, die Arbeiter haben wohl gesagt, sie kämen wieder, aber wofür? Hat das mit dem Wärchen zu tun, von dem Sie sprechen? Die Namenlose Nachbarin hat die Ohren mit Chabisblättern verstopft.

Die Sonne leckt ihre Stirn, während sie die einen Katzensprung entfernte Strasse betrachtet. Sie wartet jeden Tag darauf, dass ein gesichtsloser Mond sich ins nackte Geäst eines Kastanienbaums legt. Draussen ist der nach Äpfeln und Nussschalen schmeckende Monat Oktober.

Dmeitli und Dbuebe säen Kieselsteine, verschieben Zapfen vom Fuss einer Tanne zum nächsten, bauen Pyramiden aus Laub, verknüpfen am Wegrand abgerissene Stängel, tanzen inmitten der Lindenpropeller. Und jetzt werden Kastanien auf den Trottoirs gesammelt. Es heisst, die schönen, grossen, dunkelbraunen Kugeln zu finden, diese da zum Beispiel, die gerade aus ihrer stachligen Schale gekommen ist, go for it, schnäll. Esmeitli hat sie gepackt, voll isi. Ihre Handfläche berührt die fette Haut der Kastanie. Einen Moment. Sie zieht an ihrem Ärmelende und rubbelt, um sie gäbiger zum Glänzen zu bringen. Oh, sie wiegt gut in der Hand, Smeitli könnte sie weit werfen, aber es bestaunt, befühlt, umklammert sie und steckt sie in die Tasche ihres Meitlimäntelis. Sie schaut um sich, uff, niemand hat's gesehen.

Peter sieht eine Träne über die Wange der Namenlosen Nachbarin rollen. Sie schon, sie hat's gesehen, sie weiss, wo sich die Kastanie befindet. Aber es ist ein Geheimnis, und das Geheimnis liegt wohlbehütet in seiner Stachelschale.

An einem dieser Tage, gestern oder morgen, gelangt Peter zum Friedhof. Er geht, er sucht, er schaut unter die grossen Bäume rund um die Nischen des Kolumbariums. Da hinten gibt es nur eine Fliege, die über die Beete fliegt, zwischen Granitengeln und abgeschrägten Kreuzen, bevor sie jetzt auf seiner eigenen Nase landet. Aug in Auge.

Plötzlich schwirrt die Fliege davon und Peter sieht zufällig Gigi, der in einiger Entfernung vorbeigeht. Gigi hat weder Peter noch die Fliege gesehen. Gigis linke Hand hält den Strauss purpurroter Pfingstrosen, während die rechte sich selbst in der Sakkotasche hält. Die gegelten Haare leuchten unter den grossen Zypressen und die Schuhsohlen knirschen auf dem Kies. Gigi trägt den Sonntagsanzug an einem Werktag. Er geht an den Alleen und Parzellen vorbei, ohne auf die Zahlenschilder zu achten, die in der feuchten Erde stecken.

Er geht zum 123/146, D.M. / L.M. Der Tau bemondet die Adern des Grabmarmors und das Zierdeckchen trägt einen Wald verstümmelter Kerzen und das frühmorgendliche Gewitter hat die Blütenblätter der gestrigen Pfingstrosen abgerissen und da steht ein Foti und der Peter hat Tau im Auge und der Peter geht weg.

Er überlegt mit nervösem Schritt auf den Trottoirs. All das scheint zu einem Puzzle zu gehören, der Peter hat nicht alle Teile davon und auch nicht die Pappschachtel mit dem Bild, auf dem man sehen kann, was es zu suchen gilt.

Er nimmt seine Irrwege durch die Strassen des Dorfs wieder auf. Er geht am Lebensmittelladen der Petits-bras vorbei, das Schild vuelvo ahora hängt davor, dabei sind sie schon lange fort auf ihrer grossen Reise, die heilt, ohne jede Nachricht, weder von ihnen noch von Ana. Peter sieht alle Konservenbüchsen aneinandergereiht im Halbschatten und die Meerestiere, die keinen Ton von sich geben, sie sind ordentlich eingeordnet. Dank Peter haben sie keinen Grund zur Klage.

Zum Glück haben sie den weissen Plastikstuhl draussen gelassen. Flugs lässt Peter sich nieder, um die Vorübergehenden zu beobachten. Und auch die anderen Dinge.

Die Petits-bras könnten jeden Moment zurückkommen oder auch nie, das kann niemand wissen. Vorüber geht die Gruppe der Jugendlichen, die glänzen wie der Kranz der Madonna. Sie essen Faustbrote und der Geruch zieht ihnen nach, sie glänzen in den Gassen und auf den Gehwegen, in Peters Augen. Vorüber geht der zerzauste Dicke, der sich schreiend den Rücken kratzt, der immer hier und dort im T-Shirt herumhängt, bei jeder Jahreszeit. Vorüber geht die Ratte, die ihre Nase aus dem Kanalschacht steckt wegen dem Faustbrot-Geruch der glänzenden Jugendlichen. Vorüber gehen der Fenster- und der Fernsehhändler. Vorüber gehen der Müllwagen und die Buben aus dem Quartier, die ihm hinterherrennen. Vorüber gehen so viele unbekannte Leute. Könnten sie es etwa sein? Aber sie bleiben bei Peter stehen, ohne dass man sich etwas sagt, und dann zieht jeder seiner Wege. Plötzlich packt ihn die Angst und er fragt sich, ob er etwas hätte tun oder sagen sollen, aber es ist zu spät. Es waren nur Blicke, nicht mehr und nicht weniger.

Die Sekunden, die Minuten, die Stunden, verflogen, verloren sagt Bernhard, im Blick der anderen, jenem der Kinder zu ihren Grosseltern, wenn sie auf die Schaukeln steigen, jenem des Kunden zur Servirerin, wenn sie den Kafi zubereitet, jenem des Hundes zu seinem Herrn, wenn er den Kot einsammelt, jenem des Fussgängers zum Buschauffeur, der gerade vor ihm losfährt, jenem der Schwäne auf die Möwen, jenem der Aktionen in den Broschüren zu den Lesern, der Wolken zum Peter, haben die Wolken Augen? Und was ist eigentlich ein Auge?

Zu viele Fragen zu wälzen und die Mischa hat gesagt, die Längizit sei eine grosse Gefahr. Man muss immer und immer weitermachen, in den Gassen und in den Gratiszeitungen beim Lesen der Horoskope. Freitag. Wassermann. Geld, ohne Anschrift fängt man keine Mücke. Gesundheit, in den geschlossenen Mund dringt keine Mücke. Liebe, die Mücke sticht, solange man schläft. Peter sieht nicht so ganz, wie man sich in diesen Mücken-Geschichten zurechtfinden könnte. Aber tatsächlich ist ihm heiss beim Gehen, er lässt seine Zunge nach draussen hängen und manchmal fliegen ihm Mücken in den Mund. Vielleicht haben sie ihn sogar schon in die Zunge gestochen und sie ist deshalb ein wenig geschwollen.

Kaum ist es Oktober, geht Gigi von der Gemeinde früh los mit seinem Gebläse auf dem Rücken, er durchquert den Oberdorfpark und richtet dabei die Mündung der Maschine auf die gelbgemusterten Bäume. Er sagt kein Wort und raucht seine Zigi. Er sieht zu, wie das elektroblaue Tuch sich langsam ausbreitet, während die Blätter von den Platanen fallen. Die können nur ihre Armstrünke in die Luft strecken zum Zeichen des Protests.

Pietro Santo Felice rennt hinter ihm her und springt in die Laubhaufen, die sich beim Durchgang gebildet haben, er ruft, der Herbst ist da, der Herbst ist da, du bist der Herbstmacher, und zieht Schlaufen zwischen den Baumstämmen und Gigi. Ein trockener und staubiger Geruch weht in der lichten Luft, winzig kleine, braune, raschelnde Rückstände wirbeln über den Boden, es ist frisch.

Hast du nichts Besseres zu tun als meine Laubhaufen plattzumachen, raus jetzt, schnaubt Gigi. Pietro fliegt mit den Blättern davon und verschwindet aus dem Park. Er denkt wieder an den Gigi, den er neulich auf dem Friedhof gesehen hat mit dem Sonntagsanzug an einem Werktag. Pietro hat das Puzzle noch immer nicht gelöst und getraut sich nicht, Gigi darauf anzusprechen, es muss eine Art Geheimnis sein, das unter einem Granitengel oder in einer Nische des Kolumbariums versteckt bleibt.

Gigi ist fertig mit dem Oberdorfpark und geht jetzt zum Unterdorfpark. Die Musiker sind mit der Kälte aufgestanden und drängen sich auf einer Bank aneinander. Sie sehen aus wie ein Satz Puppen, die ein wenig Wärme, Brot und Kaffee miteinander teilen. Sie geniessen die ersten Sonnenstrahlen, die sie nach der Nacht aufheitern. Gigi von der Gemeinde geht mit seinem Gebläse zum anderen Ende des Parks. Als sie ihn sehen, blicken die Musiker über ihre Köpfe zu den Platanen, die grossen tabakfarbigen Blätter werden hübsch schrumpelig, weder Blätter noch Musiker sind schampar pressiert. Aus den Augenwinkeln sieht Gigi die Musiker an und im Mundwinkel hängt seine Zigi. Er würde sie gerne samt Pietro und den Blättern verblasen, raus hier zum Ausgang.

Er beendet den Gang durch die Allee und kommt näher. Sie nehmen ihre Sachen und setzen sich ein Stück weiter weg, wie es die Spatzenschwärme machen, die in den Hecken tschilpen, wenn ein Passant vorbeispaziert. Gigi von der Gemeinde ist fertig, er geht jetzt ins Café du Nord, um seine Zeitung zu lesen.

Unter den Musikern kaut einer auf einem Brotstück herum, als ihm plötzlich eine ältere Frau eins auf den Hinterkopf gibt, sodass er nach vorne kippt. Sie wechseln heftige Worte, man weiss nicht genau, was sie sich sagen, vielleicht ist ein wenig Liebe im Spiel, oder dann ist es schlicht ein Zerwürfnis über dem Stück Brot.

Nachdem Gigi ihn aus dem Park gejagt hat, ist Peter sich einen Znüni kaufen gegangen. Er trifft die Kollegin, die sich wie einer dieser ferngesteuerten Automaten vorwärtsbewegt. Sie führt ein Haarteil mit Silberglanz aus, das sie leicht schräg trägt, der Pony fällt ihr über einen Teil des linken Auges. Sie kommt aus dem Supermarkt, wo sie sich Madeleines gekauft hat. Dreissig Prozent Aktion, hiess es im Magazin. Mit rauer Stimme sagt sie dem Peter Sali, der sich zum Eingang wendet, um ebenfalls Madeleines zu kaufen, und der wiederum Sali antwortet.

Peter nimmt die Worte der Kollegin sehr ernst, die ihm energisch erklärt, wie man uns zwingt, das vor künstlichen Schweinereien strotzende Zeug zu kaufen, wie man uns mit Werbung vollstopft und mit Bildern von grinsenden Gofen lockt. Während sie isst, fallen ihr ganze Madeleine-Stücke aufs Kinn und springen dort auf, das Gesicht schwillt an vor lauter fehlendem Atem beim Schlucken.

Die Kollegin legt einen drauf, wie sie uns für blöd verkaufen mit ihrer Übertreibungswut, es gibt nichts Stärkeres, überwinde deine Grenzen, extremes Gefühl, übertrifft alle Erwartungen. Peter traut sich nicht, die Kollegin zu unterbrechen, aber er möchte sagen, dass er selbst auch gerne Madeleines isst. Die Kollegin hat schliesslich einen Erstickungsanfall, sie hustet sich eine Minute lang die Lunge aus dem Leib und paniert Peters Hemd mit feuchten Krümeln, kurz vor dem Atemstillstand schafft sie es gerade noch verdammti Madeleines zu zischen und fällt dann stocksteif zu Boden. Peter beobachtet aufmerksam die über der Plastikverpackung verkrampfte Hand, er wälzt Fragen, eine Passantin kreischt, der Lagerist holt den Rettungsdienst, Peter rührt sich nicht.

Zehn Minuten vergehen. Peter steht noch immer da und rührt sich nicht.

Stell dir einen Moment lang die feierliche Fahrt eines einzelnen Waggons vor. Man drückt das Gesicht an die Scheibe mit den Händen als Scheuklappen, draussen fährt die nächtliche, stumpfe Landschaft vorbei. Der First der Tannen zieht im Himmel vorüber, nur von einem phosphoreszierenden Nagelschnipsel erhellt. Stell dir einen Moment lang die Ortschaften vor, wo plötzlich im aprikosenschnapsfarbenen Licht der Strassenlaternen eine verschlafene Kreuzung nach der andern erscheint. Die an den Häusern hängenden Girlanden zeichnen funkelnde Skelette ins Dunkel, unbeweglich zu dieser Stunde. Der Abteilnachbar, ein Alter mit knochigen Zügen, schreibt Zahlen in Kästchen. Ein Spiel? Jeder hat seine Rechnungen zu begleichen. Diese Nacht ein im Affekt begangener Messer-Mord, hundert in einem Taifun Verschwundene, drei Hirnschläge, tausend Opfer eines Bombenangriffs, eine Brandlegung, ein Selbstmord, zwei Fehlgeburten. Stell dir das einen Moment lang vor. Der Asphalt des Horizonts reisst auf, während der Metallkörper des Waggons beschleunigt und dabei von links nach rechts wankt. Der Tag bricht an und die Nacht schüttelt die Fäden der letzten Träume in die Dämmerung eines Feiertagmorgens.

SIEHST DU ÜBERHAUPT, wohin du gehst, mit diesem Strubbelkopf?, beunruhigt sich Bernhard. Jeder will wenigstens gut aussehen, bevor ihm in Zukunft Die mit dem Blick der ihn anblickt und dem Lächeln das ihn anlächelt begegnen wird. Aber der Peter will sich nicht darauf einlassen. Die Bewohner des Dorfs von Z. sind sorgsam auf ihr Äusseres bedacht und es gibt mindestens zwei Coiffeurgeschäfte pro Strasse. Wenn sie genug vom Wetterbericht gesprochen haben, reden sie über ihre Haare, die noch vorhandenen oder die nicht mehr vorhandenen. Die Strassen sind voll von Einladungen, die glauben machen, sie wenden sich an jeden einzelnen im Speziellen. All diese gut gekämmten, lackierten, gefärbten oder gegelten Grinde schauen einem direkt in die Augen. Im Gegensatz zu den Menschen der Kleinanzeigen erwarten sie nichts, sie scheinen einzig ihr ehrliches Dasein im Schaufenster zu bekräftigen.

Du Peter, du musst zur Ursula gehen, der Schwester von der Nina, sie hat zwar keinen hübschen Namen, aber hübsche andere Dinge, die du dann siehst, wenn du in ihren Händen bist, aber hallo. Doch er geht immer wider seinen Willen dahin.

Und wenn er einmal dort sitzt, ist Peter hilflos, der Willkür einer Ursula völlig ausgeliefert. Dazu muss man achtgeben, bevor eine Rasierklinge auf die Schläfen niedersaust, um den leichten Flaum zu tilgen, oder sich ein Faden zwischen zwei Hände spannt, um die zu dichten Augenbrauen auszureissen, ein Miniaturtrimmer auf die Ohrläppchen, ein Gigapack Gel ins Haar, ein Wachsstreifen zwischen die Schulterblätter, eine Zehenmassage, eine Paarberatung, ein Gebrauchtwagenangebot, all das geht weit, sehr weit, bisweilen zu weit.

Der Peter zieht es also vor, seine Suche mit anderen Mitteln fortzusetzen als mit einem Coiffeurbesuch, der ihm kein guter Weg zu sein scheint. Er fragt lieber unter den Bewohnern des Dorfs um Rat, zum Beispiel. Aber statt ihm zu antworten, ergreifen sie oft die Gelegenheit und drängen ihn, sich zu diesem oder jenem aktuellen Thema zu äussern, politische Entscheidung, Promi-Liebschaft oder grauslicher Mord.

Eben hat er die Kollegin getroffen, die sich von ihrem letzten Missgeschick mit den Madeleines erholt hat, und die eine klare Meinung zur Sache vertritt. Losemal Peter, seit Jahrhunderten hat man die Leute nicht gefragt, was sie wollten, gäll, man sagte einfach, es ist so und so, schluckets. Und sie schlucktens, gäll. Und jetzt hat man Gewissensbisse, man sagt sich, die Leute sollten ihre Meinung sagen, für dieses Jahrhundert und für alle vergangenen, gäll. Aber Peter denkt nichts, nichts Besonderes, nichts, das besonders genug wäre, als dass er es mitteilen müsste. Er nickt nur mit dem Kopf und sagt ja, ja, ja. Und mit diesem Dialog der Tauben mit dem Stummen gäll ja gäll ja gäll ja gäll ja gäll ja ist die Kollegin zufrieden, denn sie glaubt, den Peter überzeugt zu haben, voll isi mit links und wie geschmiert.

Und so drängen die Bewohner einander, zu antworten, was besser ist, Fischgrät oder Mosaikparkett, Türen oder Fenster, Regen oder Schnee. Der Peter weiss nicht, was besser ist, Regen oder Schnee, er mag es, wenn es regnet, er mag es, wenn es schneit. Im Dorf von Z. wird im Moment viel diskutiert über das Schicksal des Winters, und die Wetterwissenschaftler durchforsten ihre Computer. Sie vergleichen ihre Resultate mit denen von dazmal.

Und dann plötzlich hört man nichts mehr, man spitzt die Ohren, man geht zum Fenster. Und es schneit.

Peter geht zum Seeufer zurück und in seine grossen Ohren fährt der Winterwind. Die Bise bläst auf dem Quai, Eisbärte hängen am Geländer, die Möwen stecken die Köpfe in die Flügel, die Passanten hämmern mit den Absätzen beim Gehen, cheibe chalt cheibe chalt cheibe chalt cheibe chalt.

Auf halber Höhe des Quais sind die Musiker noch da mit ihren löchrigen Fäustlingen, während die einen spielen, trinken die anderen Schnaps um sich zu wärmen, und dann andersrum, ane mit em Fläschli. Der Schnapsbrand rinnt durch die Kehle, in die Arme und dann direkt in die Handspitzen, um Wärme abzugeben, da fangen die Finger an zu spielen. Wenn man stehen bleibt, um zuzuhören, weint man und die Tränen gefrieren, die Finger hören nicht auf zu spielen, sonst gefrieren sie auch. Die Vorübergehenden gehen, die Musiker spielen, und so weiter. Salut Petru, bedeuten sie mit einem Neigen des Kopfs, Sali macht der Peter, Sali was wie bitte? Foarte bîne, multumesc. Peter liebt die kalten Tage, denn er atmet gut, die Lippen können sich fast nicht mehr bewegen. Er legt in den Hut, was er im Sack hat, exakt ein Frankä foifesächzg, nicht mehr, das ist für die Träne denkt er, die Musiker antworten, mersi für den Schnaps.

Wie er vorankommt? Peter sagt, er hat an vielen Orten gesucht, sogar in den öffentlichen Toiletten oder den Chipstüten. Eine richtige Knacknuss. Die Chipsbrösmeli isst der Peter nadisna, zuletzt bleibt nichts. Die Musiker klopfen ihm auf die Schulter, losemal Petru, adevărul este scris printre rânduri, die Wahrheit steht zwischen den Zeilen. Aber der Peter hat schon Mühe, die Zeilen zu lesen, wie sollte er jetzt auch noch zwischen den Zeilen lesen?

Losemal Petru, los zue, die Musiker spielen weiter. Die Lippen vom Peter sind vereist, es ist das Ende der Wörter. Es bleiben ihm nur die grossen Ohren um das Akkordeon einzulassen, da macht sich das Akkordeon ganz klein, es schlüpft durch das linke Ohr herein, durch das rechte auch, es dreht Runden in Peter, macht Sprünge und verrenkt sich. Das Akkordeon ist wendig, ja, aber manchmal weint es und dann kann der Peter sich zum guten Glück an den Griffen festklammern, um nicht in den See zu fallen und mit den stummen Ankern auf Grund zu sinken.

Peter geht häufig am Lebensmittelladen der Petits-bras vorbei, aber es ist komisch, heute ist da kein Schild vuelvo ahora. Peter sagt sich, sie sind vielleicht zurück, das wäre die Gelegenheit, sich neu einzudecken, denn jetzt ist das Chuchichäschtli wirklich gähnend leer und der Peterli verhagelt, also drückt er die Klinke und die Klinke sagt ja und lässt sich problemlos drücken.

Hinter der Theke kritzeln die Petits-bras mathematische Rechnungen auf Käsepapier. Oi zäme, oi. Sali Pedro, was für eine schöne Überraschung, dich hier zu sehen, wir sind eben zurückgekommen, wir brauchen etwas Hilfe, um die Waren einzuordnen, wir haben jetzt Krabbe und die gehört nicht ins Regal, sondern auf die Theke, um zu zeigen, dass sie neu und der aktuelle Knüller ist. Peter sagt ja, ja, wie sind die Büchsen mit Krabbe von denen, die nicht Krabbe sind, sondern etwas anderes, zu unterscheiden? Die Büchsen mit Krabbe sind teurer. Peter nickt ja mit dem Kopf und macht sich daran, den Preis auf den Büchsen zu suchen. Er ist nicht leicht zu finden, weil es massenhaft Zahlen gibt und manche haben andere Bedeutungen, zum Beispiel das Verpack- oder Verfalldatum.

Plötzlich bemerkt Peter ein neues Foti, das vorher nicht da war, an der Wand. Auf dem Foti eine schneeweisse Kirche, der Eingang hat die Form einer Muschel, darüber hat es bronzene Glocken und unter den Ziegeln hängen Vogelnester. Vor der Kirche liegt Sand. Auf dem Sand stehen die Petits-bras und neben ihnen sitzt Ana in etwas Ähnlichem wie Schweigen und dreht die Augen zur Decke, auch wenn es der Himmel ist.

Das ist ein Souvenir von der Reise, Pedrito. Die Iglesia wird ständig von den Golondrinas, den Schwalben gehütet, das sind durch die Luft flatternde Engel. Dorthin, weisst du, kann man nur zu Fuss oder hoch zu Ross kommen, und rundherum gibt es Sümpfe mit Krötenkonzerten, Eukalyptusduft, Pinien und Storchennestern zuoberst auf den Kirchtürmen. Dort gibt es no invierno, es ist nicht das Dorf mit Schnee und Eis und dann dem Salz, das sie darauf streuen und das die

Schuhe kaputtmacht. In der Iglesia ist die Madonna versteckt. Und wie erkennt man sie? Die Petits-bras antworten, dass sie mit goldenen Spitzen und mit Tau geschmückt ist, man kann sich nicht irren, wenn man sie sieht. Man kann sie jeden Tag besuchen, man muss sogar, weisst du, und beten. Wenn du die Madonna gesehen und gebetet hast, kannst du in Frieden gehen und eine Kerze anzünden oder ein Lottobillett kaufen.

Während die Petits-bras erzählen, schliesst Peter die Lider, jetzt hört er all die flatternden Vögel, riecht die Sümpfe und in der Mitte erscheint die vom Tau perlende Madonna, er stellt sie sich so vor, mit kurzen Armen.

Peter öffnet die Augen und fragt, ob die kurzarmige Madonna Ana geheilt hat. Ein Schatten gleitet über das Gesicht der beiden, als sie sich zur Ecke des Ladens abwenden, wo Ana in etwas Ähnlichem wie Schweigen sitzt. Sie blickt zur Decke. Peter schaut zum gleichen Punkt wie sie an die Decke, und vielleicht teilen sie etwas, indem sie zur gleichen Stelle sehen, etwas Ähnliches wie Schweigen, etwas Ähnliches wie den unsichtbaren Punkt am Himmel, auch wenn es die Decke ist.

Man muss Hoffnung bewahren, Pedrito, Hoffnung auf die Zukunft.

Seit er sucht und sich all diese Fragen stellt, hat Peter schlaflose Nächte. Man sagt ihm, das macht nichts, man muss warten. Der Peter schaut zum Fenster hinaus und wartet, ohne recht zu wissen, worauf er wartet. Wenn er wüsste, was es wäre, hiesse es Längizit, aber nein. Eigentlich wartet er auf nichts. Plötzlich murmelt er huäre geil und drückt die Nase an die Fensterscheibe seines Zimmers, als der Dunstmond verschwindet, sieht man, dass es unter dem orangen Licht der Laternen schneit, dass es immer noch blaue Nacht ist, dass der Boden von einem feinen Sanftmantel bedeckt ist. Aber da sind auch die Flüche, das ist Gigi von der Gemeinde, der mit dem Salzwägeli vorbeizieht. Gigi hat die dicken Stiefel hervorgenommen. Er stemmt schaufelweise grobkörniges Salz aus dem Wagen und streut es aufs Trottoir.

Pietro zieht sich schnell an, pressiert, um Gigi draussen zu treffen und um ihn herumzukurven. Hey du Bodesuri, Achtig mit em Salzwägeli. Gigi weiss, dass unter dem feinen Sanftmantel eine Eisschicht liegt, die einem übel mitspielt. Und wie weisst du das?, fragt Pietro. Weil zum Beispiel öpper, der auf dem Schnee fährt, der sieht das Eis darunter nicht, er fährt zu, er traut der Sache, er traut ihr zu fest, erst als er in der Kurve zum Supermarkt bremst, spürt der Fahrer das Eis, denn die Räder schlittern und das Auto wird auch zum Bodesuri, es dreht sich mehrmals um sich selbst und kracht dann mit Karacho in eine Gebäude-Ecke, alles fliegt zersplittert herum und nachher fährt nichts mehr, weder das Auto noch die Leute, die stimm- und herzlos hinten sitzen, und es bleibt nur noch jener öpper ganz allein, ohne niemär zum Herumfahren, wohin auch immer.

Während Gigi erzählt, kippt Peter den Kopf nach hinten und öffnet weit den Mund. Es schneit und das ganze Gold der Morgenstund fällt ihm in den Schlund, während der von Gigi voll Trümmer und alter Geschichten ist. Das ist, weshalb man sich vor dem Eis in Acht nehmen muss, Sant'Iddio, murmelt Gigi, nimmt dann die Arbeit wieder auf und wirft eine Schaufel voll grobkörnigem Salz aufs Trottoir, Sant'Iddio.

Der Winter schmeckt nach Erde, Erde, Erde. Nina tröstet mit mehr Milchschaum im Cappuccino, ist eine weg, stehen schon die Nächsten Schlange. Das gilt für die Tussis, ich aber habe meine Arbeit verloren, und dazu noch viel mehr, mehr, mehr. Wenn Bernhard Orangenkonfi oder Erde im Mund hat, wiederholt er dreimal das Ende seiner Sätze. Es klingt wie eine Art Echo, bei dem die Wörter von einer Backe zur andern spicken und zerschellen. Er rubbelt weiter am Karton, um drei Kirschen auf die Reihe zu kriegen. Aber unterdessen rubbelt er mit dem Löffelstiel, jetzt, da er weder die Schlüssel zum Mitsu noch die zur Wohnung hat, die hat Bojana zurückgenommen, als sie ihm sagte, er solle im Hotel schlafen, bis er wieder bei Trost sei, und anständig dazu. Er sagt, das Leben hat mir übel mitgespielt und jetzt bin ich niemär meh, niemär meh, niemär meh.

Nina kommt ins Café du Nord mit ihrer Sielinette und die bleibt auf dem Tresen sitzen neben dem Maikäfer-Kässeli für den Service merci. Die Kunden finden die Sielinette supersüss, sie kämpfen darum, ihr ein Küssli zu geben. Nein danke, Nina hat das Maikäfer-Kässeli für den Service merci neben die Sielinette gestellt, und so werfen die Kunden, statt ihr ins Gesicht zu schmatzen oder sie glatt aufzufressen, ihr Münz in den Rücken des Maiechäferli, das nie davonfliegt. Bernhard, der keinen Rappen hat, tut so, als werfe er eine Münze hinein, auch wenn die Hand leer ist. Damit will er zeigen, dass es nicht am Willen fehlt.

Der Kollege wiederum sitzt schlaff und gebeugt da. Er wackelt mit dem Kopf. Seine Stirn neigt sich über das Glas mit dem angefangenen Rotwein vor ihm auf dem Tresen, berührt es leicht und lässt es sein Gleichgewicht auf dem Fuss wiederfinden. Das Nikotin gibt seinem Bart die Farbe von frischer Butter. Er brummt Unverständliches, Nina zieht ihn aus seinen Träumen und fordert ihn freundlich auf zu zahlen, sibe Frankä bissoguät, gäll. Mit von der draussen verbrachten

Winternacht klammen Gliedern zieht er ein Zwanzig-Franken-Nötli aus seinem Portemonnaie, die geschwollenen Finger klauben das Retourgeld vom Rand des Tresens. Er steht auf und humpelt zum WC mit seiner Spitalkrücke, deren Gummifuss sich unter dem Gewicht verformt. Sein Hosenboden ist fleckig vom Sitzenbleiben.

Er kommt zurück und zieht eine Zeitung hervor. Über die feine Brille hinweg sieht er die Leute um ihn herum an, die so tun, als beachteten sie ihn nicht, und ihn dabei aus den Augenwinkeln beobachten. Als er Peters verdutzten Blick kreuzt, deutet er ein Lächeln an, so ungefähr zwischen dem Auferstandenen und dem gefallenen Engel. Und Sie, sind Sie fündig geworden? Warum brauchen Sie die Krücke? Warum schlafen Sie? Warum antworten Sie nicht, wenn man Sie fragt? Darum, und wie heisst du schon wieder? Peter. Ah ja, der Chübelsack-Peter, wer hat dir diese Fragen in die Rübe gesetzt, der Kollege lacht auf, ich weiss nicht, was dir die Nina ins Glas getan hat, aber du hast Fantasie. Der Kollege versorgt seine Zeitung in der Innentasche der Jacke, steht auf und hinkt mühsam aus dem Café du Nord, schiebt den langen Vorhang aus Filz und warmer Luft zur Seite und steht wieder auf der Strasse mit den grauen Fassaden.

Ohne den Vorsatz gefasst zu haben, folgt Peter ihm, wie man einer Idee den Trottoirs entlang folgt, bevor man in ein Tram einsteigt. Sie fahren zusammen einige Haltestellen der Linie 9.

Bei einer Station steht der Kollege auf. Die Tür ist noch offen, gerade ist jemand ausgestiegen. Der Kollege steht da und bewegt sich mit ungeheurer Langsamkeit vorwärts, es bleibt ihm wenig Zeit bis zur Türe. Der Gedanke an die Möglichkeit, die Haltestelle zu verpassen, scheint ihn nicht zu streifen. Als er bei der Tür angekommen ist, schliesst sie sich plötzlich zu beiden Seiten. Die meisten Bewohner des Dorfs hätten, wenn sie der Situation nicht vorher oder anders entronnen wären, sich mit einem Sprung vorwärts aus dem Druck zu retten und mit Gewalt auszusteigen versucht, oder sie hätten sich freigemacht und nach hinten zurückgezogen, um im Innern zu bleiben und halt eine Station weiter zu fahren. Das jedenfalls hätte er gemacht, sagt sich der Peter. Der Kollege hat weder das eine noch das andere gewählt, unglaublich. Er bleibt da, von den beiden automatischen Seitentüren blockiert, und bewegt sich nicht. Nach einer Weile, die lange schien, öffnet sich die Tür von neuem und beugt sich dem sturen Warten des Kollegen, der immer noch gleich langsam die zwei Stufen hinabsteigt.

Und so sitzt der Peter noch immer im Tram. Wo ist jetzt dieser Kollege? Die Ideen und der Kollege, sie kommen und gehen, sie flattern mit den Fähnchen vorne an den Trambahnen des Dorfs, stolz, glitzernd empfangen sie die unsichtbaren, diffusen Wellen. Vielleicht verwendet Mischa auch diese Art von Fähnchen und steckt sie in die tiefgefrorenen Poulets des Supermarkts, um die Wellen einer Zukunft zu empfangen, die den einfachen Leuten noch nicht einmal erschienen ist.

Und so zieht es den Peter bis spät in die tiefen Bauchhöhlen des Dorfs. Das Tram 9 hat auch schlaflose Nächte. An der Endstation der Linie angekommen, steht Peter auf und schaut um sich. Ihm wird klar, dass er der einzige Passagier ist, er geht durch das Tram nach vorne, wirft einen Blick in die Fahrerkabine, aber da ist niemand. Er steigt aus.

Der eisige Wind lähmt ihn einen Moment, dann setzt er sich in Bewegung und folgt dem Rauch der Recyclinganlage, der sich von fern in der Nacht abzeichnet. Nach einer langen Weile durchquert er den Unterdorf-Park. Peter fragt sich, ob die Parks ein Gedächtnis haben, ob die Wiesen, die Rasen sich an die Küsse, das Lachen, die Purzelbäume erinnern, die Abdrücke im Gras hinterliessen, ob die Linden und Pappeln etwas von denjenigen bewahren, die sich hinter ihren Stämmen versteckten, um nicht gesehen, um gefunden zu werden, oder um Geheimnisse auszutauschen.

Er geht weiter auf seinem Weg, geht am Café du Nord vorüber, das um diese Zeit geschlossen ist, und landet schliesslich auf der Brache, deren Raum sich jetzt auf etwas, oui quelque chose öffnet. Peter vergisst sich, je dichter in ihm das jedes Mal stärkere Gefühl aufsteigt, eine unsagbare Traurigkeit, eine Art unendlicher Zweifel, der seinen Körper zerfrisst.

Der Boden ist übersät mit Taschentüchern voller Schnee, mit abgerissenen Zweigen, mit zerknüllten Blättern, mit Schutt, Mitgebrachtem und Vergessenem, Plunder sozusagen. Peter hält inne vor einem kleinen Buckel mit pflaumenfarbigem Schnee, durchzogen mit Spuren der Kinder, die hier als Kometen der Milchstrasse hinunterrutschten, auf Schlitten, auf Müllsäcken oder auf sich selbst. Der Peter bleibt da stehen, ganz vertieft, die Zehen an Füssen und Händen verwandeln sich in Stein und er wird zur Statue.

Der Mund des Himmels schüttet seinen Korb Sterne aus und die Statue durchziehen noch weitere Risse.

Wache die ganze lange Nacht. Wache, wie man auf einem Weg der Stille geht. Während vormalige Galaxien brennen, die Augen der Tiere die Nacht durchforsten, die Schritte in den leeren Strassen hallen, wächst ein kleines Nichts in uns drin. Geh die lange Nacht hindurch. Geh, wie man auf einem Schneeweg wacht, bis man plötzlich seinem Doppelgänger gegenübersteht, diesem vagen Vetter der Vogelscheuche, diesem aus uns selbst geborenen Bruder, dazu da, sich über uns lustig zu machen. Mit seiner aus der Erde ragenden Nase und seinen Kohleaugen, was hört er durch seine toten Blätter, was sieht er unter seinem Stechpalmenkranz, was packt er mit seinen dürren Armen? War nicht er es, dieser wunderliche Stumme, den man schon als Steinmensch oder Kind gesucht hatte? Wenn sein Körper in unserer Kehle schmilzt, diesem namenlosen Klaffen, und das kleine Nichts nährt, so öffnet man seine Augen für ihn, der verschwindet. Ja, er, der Schneemann.

VOM GERUCH DES MEHLS GETRAGEN, hat Peter seine Schritte zum Silo gelenkt. Der Geruch wird immer stärker und steigt ihm ein wenig zu Kopf. Er schwankt. Und wenn der Blitz in das mit Mehl gefüllte Silo einschlüge und es zusammenbräche, dann würde das ganze Dorf von einer riesigen Welle aus weissem Puder überschwemmt, gopfertammi, das wäre eine Katastrophe, und dabei haben wir nicht einmal Rettungsboote und auch keine Notausgänge, und vor allem bräuchte es nachher massenhaft Bauarbeiten, um das Silo, die Wohnungen, das Café du Nord, die Parks, die Badis und all diese Dinge wieder aufzubauen. Peter weiss nicht, an welchem Punkt dieser Gedanken er das Bewusstsein verloren hat, aber er liegt hier auf dem Trottoir, am Fuss des Silos, mit dem Gesicht zum Himmel. Sein Atem geht ruhig.

Als er aufwacht und die Augen öffnet, sieht er nichts, so geblendet ist er von den Sonnenstrahlen.

Dann beugt sich ein Schatten über ihn. Als Erstes bemerkt er die Billigschuhe aus schwarzem Plastik. Und an den Sohlenrändern etwas mit wilden Gräsern vermischten Schlamm.

In den Schuhen kräftige Beine in Wollstrümpfen, die unter einem Kleid mit ländlichen Motiven verschwinden. Sie steht aufrecht da mit einem Strauss aus nichts, einem Winterstrauss. Peter und so weiter könnte von der Szene berührt sein und sich fragen, für wen dieser Strauss ist, aber nein. Peters Augen wenden sich von den Blumen ab und kehren zurück zum mit wilden Gräsern vermischten Schlamm auf den Sohlen der Billigschuhe aus schwarzem Plastik. Öppis hat sie dazu gebracht, auf den Schlamm zu pfeifen, ihren Fuss ins Dickicht am Strassenrand zu setzen, um ungeschickt einige mit Reif überzogene Zweiglein zu pflücken und vor ihn hinzustehen. Dieses Öppis erregt Peters Aufmerksamkeit.

Er setzt sich nach einer Weile auf und blickt nach oben. Er entdeckt endlich ihr Gesicht, ein lebhaftes Gesicht, das er noch nie gesehen hat, ein Gesicht, das Irgendöpperem gehören könnte, wäre da nicht dieser Blick, der ihn anblickt, und dieses Lächeln, das ihn anlächelt. Ist sie die, von der Nina sprach? Peter sagt sich, ja, warum nicht, er hatte sie sich nicht wirklich so vorgestellt, sie sich eigentlich gar nicht vorgestellt, weil er nicht über mehr Informationen verfügte. Aber sie ist genauso, wie Nina sie beschrieben hat. Und sie, die vor einigen Minuten noch eine Unbekannte mit Blumenstrauss war, ist jetzt Die mit dem Blick der ihn anblickt und dem

Lächeln das ihn anlächelt, und vielleicht sind noch andere Änderungen im Anzug.

Sie sagt Sali, geht's? Was ist passiert? Wie ist dein Name? Und haufenweise Fragen folgen. Peter stottert, er antwortet, sein Name ist Peter und er weiss, dass deiner Die mit dem Blick der ihn anblickt und dem Lächeln das ihn anlächelt ist. Sie sagt ja, wenn du willst. Sie blickt ihn an und lächelt ihn an. Sie ist es tatsächlich, kein Zweifel. Sie lacht auf, Peter, du bist anders als die anderen, das gefällt mir. Er weiss wohl, dass er nicht ist wie die anderen, aber er weiss auch, dass die anderen nicht sind wie er, was bedeutet, dass er und die anderen sich zumindest in dem Punkt etwas gleichen, in der Tatsache, dass sie anders sind.

Peter hat Die mit dem Blick der ihn anblickt und dem Lächeln das ihn anlächelt finden müssen, et voilà, jetzt weiss Peter nicht, was er weiter tun soll. Sie sagt, ich bin nicht sicher, dass ich die bin, die du suchst, es gibt viele andere Frauen mit dem Blick der anblickt und dem Lächeln das anlächelt, ob den Peter oder andere Leute, das Dorf ist gross.

Sie ist geschickt mit Wörtern und damit, sie zu verbinden, es wirkt so, als ob ihr Mund mit ihnen jongliere und sie in hohem Bogen in die Luft werfe. Peter erfährt, dass sie Sprache studiert, dass sie nur vorübergehend im Dorf ist, dass sie sich alleine fühlt mit all ihren Büchern, dass sie nicht begabt ist für Begegnungen, dass, wenn er möchte, sie beide Freunde werden können, wenigstens für eine Weile, bis sie wieder fortzieht. Er denkt, dass er schon Freunde hat, den Bernhard, den Gigi, die Petits-bras und die andern, dass er dafür schon Zeit braucht, aber dass er gerne möchte.

Nach ihren langen Tagen, an denen sie die Sprache studiert, einzig in Gesellschaft ihrer Bücher voller Wörter, die nur auf sie warten, um sich in Bewegung zu setzen, trifft sie den Peter und sie reden und sie gehen und sie reden und sie gehen. Peter ist überwältigt von diesem frischen, lebhaften und in sich ruhenden Gesicht, gleich hier vor ihm.

Die er beim Silo kennengelernt hat, spricht viel. Sie sagt zum Beispiel, warte mal schnell bis ich meine Sonnenbrille gefunden habe hast du meine Sonnenbrille gesehen ich habe sie wohl in der anderen Tasche gelassen ich bin gleich wieder da ich bräuchte eine neue Sonnenbrille deine ist hübsch wo hast du sie gekauft komm wir spazieren dem Fluss entlang oioioi es ist ganz schön bedeckt ich brauche eigentlich gar keine Sonnenbrille dann essen wir ein Ovochoc gehen wir zu Fuss oder nehmen wir ein Tram du müsstest zum Zahnarzt gehen, und so weiter.

Das wiederum hat die Nina dem Peter nicht gesagt. Sie konnte es nicht, konnte oder wollte sie nicht sehen, diese ständige Beweglichkeit des Mundes derer, die er gesucht und die er gefunden hat. Sie spricht völlig neue Themen an. Er weiss gar nicht recht, was er davon halten soll. Dazu schafft er es nicht, neben ihr herzugehen, ganz so, als hätte sie einen Magnet, aber nicht so einen, um das Alteisen auf den Sommerstränden einzusammeln, eher einen speziellen Magnet, um ihn allein, den Peter, anzuziehen. Er spürt es und gleichzeitig wagt er es nicht nachzugeben, und seine Schüchternheit widersteht dem Magnet. Von entgegengesetzten Kräften hin- und hergerissen zappelt er seltsam herum und bringt sie damit zum Lachen. Sie scheint auch ein wenig mit dem Magnet zu spielen, sie mag es, den Peter zappeln zu sehen, sie lacht auf und zwickt ihn in die Rippen.

Peter beschreibt der Nina seine Begegnung beim Geschirrwaschen. Er hat die Handschuhe aus rosa Plastik im Zitronenschaum und versucht zu erraten, wer wer ist da unten. Es ist nicht ganz einfach mit dieser Änderung, sie macht schnell, sehr schnell. Nina ist ganz aufgeregt von der Geschichte, sie sagt, das nennt man feurig, das ist eine gute Sache für den Peter. Der muss häufig sagen, fertig feurig für heute, er geht etwas trinken, bis morgen. Und die Feurige muss das annehmen und sagen, ok kein Problem, ich gehe alleine zu meinen Büchern zurück.

Allo Madame Mischa, der Peter ruft Sie an, er ist etwas verloren, fühlt sich ein wenig seltsam da drinnen seit einiger Zeit. Er wurde vom Magnet gepackt. Drü Frankä, sie werden doch jetzt keine Geschichten machen wegen einem Aufschlag von zäh Rappe, Herr Peter. Madame Mischa, was soll der Peter machen mit derjenigen, die die ganze Zeit redet um Themen anzusprechen, die er nicht kennt? Herr Peter, das hängt von Ihnen ab. Ich habe es Ihnen ja gesagt, Ihr Fall ist komplex, drü Frankä. Ich sehe, dass das Sternbild des Orion in Ihrer Hauptachse liegt, das ist eine ungewöhnliche Konstellation. Da gibt es nur zwei Ausgänge, entweder ein grosses Schicksal oder ein definitives Verschwinden in der Anonymität, und für den Moment ist es unmöglich zu sagen, auf welche Seite sich die Waage senken wird. Suchen Sie weiter um sich herum und rufen Sie bald wieder an, bye.

Peter hängt noch lange Minuten am Apparat, sein Geist ist im Händy eingeklemmt, im Gemisch aus Plastik, Kabel und Wellen. Da, mitten im unendlich Kleinen, hallt Mischas Stimme wider, wird unhörbar, verliert sich.

Peters Händy läutet, es ist die Feurige. Sie sagt, schnell man muss zum Seeufer gehen zieh Schal und Mütze an nicht die grüne ich mag die graue lieber hast du die Handschuhe wann treffen wir uns ich muss vorher nur noch etwas erledigen. In solchen Augenblicken denkt Peter an Bernhard und würde ihr gerne mit einem und so weiter das Wort abschneiden, aber er traut sich nicht.

Als sie sich endlich am Seeufer treffen, ist alles weiss. Sie spielen das Ratespiel, wer sich unter dem Schnee verbirgt, sie gehen dem Quai entlang im Geheimnis der Nacht und des Winters, im Schweigen der fallenden Flocken, unterbrochen alleine paff von einem Schneeball in Peters Gesicht. Sie lachen, sie spielen Schneeballschlacht, sie werden wieder Kinder. Wegen des Feuers der Feurigen ist Peter nass. Aber er fühlt auch ein Kribbeln von den Zehenspitzen bis zuoberst auf dem Schädel. Der Schnee brennt und der Puls pocht überall.

Dieser Weg des Schnees und des Sees ist, so scheint ihm, ein Gedicht, das er schon einmal gehört hat, aber er weiss nicht, wo. Wolle umhüllt sie, sie gehen zerstreut. Die, die lacht, nimmt Peters Hand in die ihre. Diese Geste. Ein Blitz der Zärtlichkeit trifft den Peter, er schlägt durch die Hand in den Körper ein. Sein Geist fliegt mit den Flocken davon. Die Finger reiben sich wie Streichhölzer, die man anzündet, um eine Flamme aus grünem Holz zu entfachen, sie vermengen sich und tausend Würfel werden zufällig in die Handflächen geworfen, sie rollen und rollen.

Peter möchte wissen, wie der Magnet funktionieren kann in Kälte und Schnee.

Sie sagt, ich habe kalte Füsse ein Tee wäre gut mit einem Stück Heidelbeerkuchen auch wenn es nicht die Jahreszeit dafür ist hast du ein Taschentuch ich habe meine Taschentücher vergessen schau ein Schwan da hinten ich muss aufs Klo deine Nase ist eiskalt ich mag deine Mütze kannst du bitte einen Moment lang meine Tasche halten danke wo habe ich nur mein Händy hingetan hübsch wie die Kinder im Schnee spielen alle Enten gleichen sich ich freue mich darauf Röcke zu tragen. Sie sagt diese Art Dinge zum Beispiel, Dinge, die von Peter abhängen laut der Mischa, aber er sieht nicht, wie diese Geschichten von Taschentüchern und Enten von ihm abhängen könnten.

Sie gehen den Heidelbeerkuchen essen, für den es nicht die Jahreszeit ist, und den Tee trinken. Sie haben unter dem Schnee eine Ameise, ein Eichhörnchen, einen Salamander, eine Forelle und andere wilde Tiere erahnt. Peter sagt, sie sind gut versteckt, man darf es niemärem sagen. Es ist ein Geheimnis. Und das Geheimnis ist mit den Tieren unter dem Schnee versteckt.

Während der Schlaflosigkeit denkt Peter an ihre Spaziernade am Seeufer. Was, wenn das wahre Leben auch unter dem Schnee mit den Tieren versteckt ist, damit es nicht Gefahr läuft, in einem Horoskop der Gratiszeitung zu enden, oder schlimmer noch in den Alubüchsen der Petits-bras? Wie kann man es sicher wissen? Es ist doch nicht möglich, den Schnee zu lüpfen um nachzusehen, der ist nicht einfach ein Fixleintuch. Und wer sagt übrigens, dass es nicht genau dann in Gefahr wäre, wenn man es aufdeckt, dann müsste man also die Suche aufgeben und es da unten lassen. Einewäg ist das Fixleintuch zu mühsam zum neu spannen, da lüpft man es besser nicht, sondern lässt es, wie es ist. Peters Kopf wird ganz heiss. Er zappelt weiter unter dem Einfluss des Magnets, er wälzt seine Gedanken, er weiss nicht, ob er sich dem grossen Schicksal oder der definitiven Anonymität zuneigt.

Noch ein Glas?, schlägt Nina vor. Ja, antwortet Peter, noch eins. Der Bernhard daneben ist am Boden zerstört. Sein Schlüsselbund, dem schon die Schlüssel zum Mitsu und die zum Daheim, die Bojana behalten hat, abhandengekommen sind, ist jetzt auch um das Abzeichen des Fussballclubs leichter, das er für ein paar Batzen verkauft hat. Es bleibt ihm nur noch die Mini-Taschenlampe, weil man kann nie vorsichtig genug sein. Peter sagt, die braucht es in der Nacht, oder? Bernhard antwortet nicht, er hat offenbar sogar die Angewohnheit verloren, den Karton mit den Kirschen aufzurubbeln, und also erst recht die Lebensfreude. Er sagt, das ist unfär, es ist nicht, was ich geplant hatte, ich bin ein Nütnutz, was bleibt mir noch? Hundeleben, Hundeleben, Hundeleben. Auch wenn er der ganzen Welt grollt, berührt Peter ihn an der Schulter und sagt, er werde ihm im Sommer drei Kirschen bringen, von denen, die man auf dem Kirschbaum der Brache findet. Bernhard schüttelt den Kopf, armer Peter, wenn du nur verstehen könntest, was ich sage. Peter sagt, macht ja nichts, und kehrt zu seiner Zeitung zurück.

In jeder Beziehung guter Mann bereit für jede Beziehung, mitfahrbereite Person, leerungsbereites Schwimmbecken. Peter entziffert mit lauter Stimme die Kleinanzeigen. Man hört und so weiter aus allen Ecken des Café du Nord, das sind die Kunden, die gerne hätten, dass Peter einen Moment den Latz hielte, damit sie ihre Gespräche fortsetzen könnten. Aber Peter macht es nicht einmal extra, er lebt immer mit dieser Spannung zwischen dem Übervollen und dem Gähnendleeren, zwischen dem Schweigen, weil er die Worte, die er immer und immer wieder sucht, nicht findet, und wenn er sie findet, ist es eine Quelle, aus der ein abstruser Strom loser Wörter quillt, den man versiegen lassen muss.

Nach einer Weile können die Kunden ihre Gespräche endlich wieder aufnehmen. Sie sprechen leise und man versteht nur einige Fetzen, die Arbeiten, etwas tun, ja öppis cheibs, ändlichemal, das sind ja gudnjus, es hat lange genug gedauert, wann kommen sie, ah schon, krass, was zu machen, ehrlich, ja schosicher, und wie wird es, gut, mexetsjadänn.

Es hat nur wenig gebraucht, die Sonne gab etwas von ihrem Honig, der Wind etwas von seinem Föhn und der Schnee, der gestern noch die Geister gefror, scheint schon nicht mehr recht da zu sein. Laut den Computerberechnungen der Wissenschaftler ist es nicht offiziell Frühling. Mag sein, aber Peter hat ein leises Beben in den Nasenflügeln, das ihn zur Brache führt.

Nach einer Weile setzt er sich auf den Strunk eines gefällten Baums. Er spielt mit einem Stück Ziegelstein und die Form zeichnet Muster in seine Handfläche. Und wieder dieser Sprung, dieser Riss im Herzen, wo er doch alleine hier in der Brache ist. Der Himmel schluckt mit jedem Zug seine eigenen Farben und die Vögel fliegen an andere Orte.

Seit die Amseln im marineblauen Himmel singen, passiert öppis cheibs, oui quelquechose in der Brache. Die Arbeiter, die ihrerseits ein Beben in den Nasenflügeln spürten, sind hier herumgestreift. In den letzten Wochen sind sie mehrmals gekommen, sie haben hier und da ein wenig vermessen, haben Massnahmen ergriffen, Pflöcke eingeschlagen. Der Peter hat sie genau beobachtet.

Während des Winters verkriecht sich Monsieur l'auteur in seinen Bau und kommt nicht mehr heraus. Er schnüffelt seine gebrauchten Schlafsäcke, denn es ist die richtige Jahreszeit für das Reifen gewisser Materialien. Peter stellt sich Monsieur l'auteur in seinem Loch vor, umgeben von schmuddeligen Säcken voll mit Zeug, das er aus den Ritzen des Dorfs zusammengetragen hat, aus der Brache unten an seiner Wohnung, wo er ihn einmal gesehen hat, wie er nacheinander Vogelkadaver, eine Mikrowelle und sogar den Wind in seinen Sack stopfte. Und das alles muss eine seltsame Mischung ergeben.

In den ersten Frühlingstagen kreuzt er aufgekratzt in den Strassen auf, mit einem Gedicht als Grashalm zwischen den Zähnen. Er bietet seine Worte jedem an, der ihm zuhören will, es handelt sich meistens um Peter.

Peterli, ein bisschen die Beine vertreten, was meinsch? Okay für die Spaziernade, antwortet Peter, und schon sind sie unterwegs. Monsieur l'auteur kennt Winkel, die er speziell nennt, aber man muss lange gehen, um dahin zu gelangen. Die speziellen Winkel finden sich ännet dem Gebiet der Autowaschanlagen, auf den Höhen. Dieser Donnerstag hat eine Glatze aus blauem Himmel, die glänzt. Die beiden Gestalten stossen weisse Steinchen herum mit ihren Fussspitzen. An was denken Sie, Monsieur? Peterli, stell dir vor, ich glaube endlich zu verstehen, es fehlt nicht mehr viel, ich fühle, dass ich nach einer Arbeitsphase dieses Öppis berühre, das mir gleichwohl noch zu entdecken bleibt. Pass auf, Peterli, ich lese dir eine Passage vor.

Monsieur l'auteur schiebt eine Hand in die Tasche seines fadenscheinigen Jacketts und zieht ein zerknülltes Papierknäuel heraus. Einmal auseinandergefaltet, wird das Knäuel zu einer Art Blatt, das pflanzlich wirkt mit seinen Rippen. Die Falten haben Berggrate und Täler geformt, die in diesem Massstab Miniaturen gleichen, und doch scheinen die Flüsse zu fliessen und die Hütten der Dörfer zu rauchen, man sieht, dass es viele Kriege gegeben hat in dieser Welt und trotz allem ein bisschen Liebe, man ahnt, wo sich die Erde geöffnet und dann wieder geschlossen hat. Monsieur l'auteur streift mit den Fingern leicht über die Landschaft. Die Buchstaben zögern auf dem Papier, strauchen bei jedem Schritt, gleich den mageren Ästen der Buchen, die man an den Wegrändern seit Jahrhunderten zur Hecke gestutzt hat und die sich nicht zum Licht vorwagen aus Angst, abgeschnitten zu werden.

Monsieur l'auteur atmet tief ein und fängt an zu lesen. Jeden oder fast jeden Abend antworte ich auf den Ruf von draussen. Wenn die zarten Juniabende sich unendlich dehnen, wenn die leuchtend rosa Kumuluswolken in unermesslichem Schweigen in die Stratosphäre über den mit Holunderwäldern bedeckten Hügeln steigen, wenn sich das ganze Spektakel tausendmal wiederholt in den Glasfassaden der Häuser, dann scheint es mir, dass ich das Warum des grossen Kommens und Gehens erfasse. Ein Hupen in der Umgebung, die Bäume in der Ruh', die Mücken und ihre kleinen Räubereien. Jedem seine Aufgabe. Wenn der Himmel sich in einigen Minuten verdunkelt, der erste Blitz die Wolken teilt, das Gewitter endlich ausbricht, dann scheint es mir.

Monsieur l'auteur bricht plötzlich ab, er taucht den Blick in die Fortsetzung der Passage, niemand weiss, was er dort sieht, aber sein Kiefer beginnt zu zittern und Tränen rinnen seiner Nase entlang. Seine Hand, die eben noch offen war, schliesst sich für immer über der erahnten Landschaft, das Blatt in der Faust wird wieder zur Kugel gepresst, das Ganze kehrt zurück in die Tasche des fadenscheinigen Jacketts.

Peter wagt nicht zu sprechen, er fühlt, dass er nur da sein muss, das ist alles. Vielleicht war die Mischung der Säcke nicht die richtige, vielleicht hat Monsieur l'auteur falsch eingeatmet, oder er hat das Gewitter des grossen Kommens und Gehens in der Kehle.

Die beiden Freunde setzen ihre Spaziernade zu den Grenzen des Dorfes fort. Alte Palisaden aus morschem Holz, Strässe für fünf Rappen, vom Regen gegerbte Dächer, eingestellte Geräte, Rost, Federn, Blütenstaub von Obstgärten Mitte April. Manchmal ist es nicht möglich, alles zu erzählen. Zum Beispiel hat Peter und so weiter nur die Worte, um einen Dezi Heida oder ein paar Nüssli zu bestellen.

In letzter Zeit hat Peter die Sache weit, sehr weit getrieben. Man sieht ihn praktisch nur noch in Bewegung, selbst im Tram wandert er, in den Warteschlangen geht er auf und ab, wo man ihm doch sagt, er solle sich in die Reihe stellen wie jedermann und sich mit Geduld wappnen. Aber er tritt aus, er räumt lieber seinen Platz und überlässt sich dem Zufall der Strassen, auch wenn er weiss, dass seinen Platz räumen bedeutet, nächstes Mal von vorne anzufangen.

Er geht auf die grosse Brücke, die sich über die Zuggleise spannt. Dort hinten wischt das Nachmittagslicht über die Schienen und lässt strohgelbe Splitter zurück, die Wolken zerstieben und in der Ferne erahnt Peter die noch verschneiten Berge der Alp. Er bleibt gerne mit den Ellbogen auf das

Geländer der grossen Brücke gestützt um zu spüren, wie sie bebt, wenn unten die endlosen Güterzüge oder die mit Zuckerrüben überladenen Wagen vorbeifahren. Manchmal klemmt ein Rad beim Weichenstellen und dann stösst das Metall einen schrillen Schrei aus. Peter hebt die Augen wieder zur Alp, die er nie kennengelernt hat.

Von hier aus kann er das Dorf sehen, wie es atmet, und er fühlt sich gut, mit ihm zusammen zu atmen, er gleicht sich zum Spass den Atemzügen an, dem Einatmen und Ausatmen, um synchron zu sein. Es ist ein kleines Spiel, nur so, um sich die Lungen mit der Luft des Dorfs vollzupumpen.

Peter zündet sich eine Zigi an und macht sich auf der anderen Seite der Brücke wieder auf den Weg, zum kleinen Platz, wo gebaut wird. Da haben die Arbeiter ein so tiefes Loch gegraben und haben Säcke mit Pflastersteinen, eine Dampfwalze, einen Schweissbrenner, einen Betonmischer und Zement hinterlassen. Und der Peter spürt all diese Dinge, die unten im Loch ruhen, die ebenfalls atmen, mit dem Dorf und mit ihm.

Peter und Die mit dem Blick der ihn anblickt und dem Lächeln das ihn anlächelt haben ein letztes Rendez-vous vor ihrer Abreise. Sie hat die Sprache fertig studiert im Dorf, sie muss fort von Z. und also auch von der Freundschaft mit Peter.

Er bleibt vor ihr stehen, das macht nichts, sagt sie, ich weiss, was du fühlst.

Sie sind in der Brache, wo öppis cheibs, oui quelque chose entsteht. Sie wissen noch nicht, was. Um das Thema zu wechseln sagt sie, du solltest dir die Haare schneiden du hast Charme weisst du Peter ich bin froh dass wir uns getroffen haben dass aus uns öppis geworden ist Freunde. Er hat doch die Freunde des Café du Nord. Und sie, sie ist wie diese, mit dem einzigen Unterschied, dass sie den Magnet besitzt, den die anderen nicht haben. Peter ist in seinen Gedanken, wird der Magnet auch aus dem fernen Ort wirken, an den sie zieht? Weisst du, Peter, all das geht vorüber und wird bald zu Ende sein.

In einem Winkel der Brache liegt ein Haufen Holzspäne, kleine backsteinfarbige Stücke, welche die von der Gemeinde manchmal hier und da ausstreuen. Die beiden fläzen sich auf den Holzspanhaufen, den das Tageslicht langsam löscht. Er wirkt, als hätte man ihn extra hierhin gesetzt, um darauf einzuschlafen.

Die, die wegfahren wird, hat nun den Atem der Seligen, die Zärtlichkeit weckt beim Anblick, wie sie schläft. Und Peter verliert ebenfalls die Sinne in den Spänen. Die Körper ruhen so ausgestreckt beim Atmen, nur atmen.

Sie schlafen. Neben ihnen leert der schwerelose Tag friedlich sein scharlachrotes Glas und schläft dann ebenfalls ein.

Die Frische der Dämmerung weckt sie, sie sind immer noch allein und der Magnet wird stark in Peters Körper, als er wieder bei Sinnen ist. Ein bisschen zu stark. Peter gibt dem Magnet nach, der ihn drängt, die, die neben ihm liegt, sehr fest und sehr lang in die Arme zu schliessen, die, die ihn jetzt auf den Nacken küsst, dann auf die Ohren, an seinen Ohrläppchen knabbert und ihre Zunge in Peters Mund schiebt.

Er weiss nicht, wie ihm geschieht, es ist, als ob ein anderer Körper in seinem Körper die Entscheidungen trifft und er die Marionette dieses Unbekannten in ihm selbst wird. Auch er steckt seine Zunge in ihren Mund. Sie spickt die Schuhe fort, packt den unteren Teil ihres Tops und legt den Bauchnabel bloss, sie zieht ihren BH an einem Bändel. Die beiden vergessen, dass sie da sind, während die Autos auf der Strasse rund zehn Meter weiter vorbeifahren und die Scheinwerfer manchmal die Ränder der Brache erleuchten. Die Gedanken stecken ihre Nasen in Achselhöhlen, zwischen Beine oder Pobacken. Die Augen derer, die ihn anschaut, sind Bündel wilder Minze, die zwischen Schiefer und Himmelsblau wächst, ein reissender Bergbach, sie schauen dazu in die gleiche Richtung wie der Busen mit zwei runden, festen, girlandebekränzten Brüsten. Die Haare fallen jetzt auf die Schultern zurück. Peter erahnt Sommersprossen, die Sonne auf den Wangen.

Die beiden sehen immer weniger und die Körper gleiten in die Nacht der Späne. Ungeschickt zieht sie Hose und Slip in einem aus, entwindet diesem Kleiderring ein einzelnes Bein. Peter steckt seine Hand zwischen die Schenkel der rittlings auf ihm Sitzenden. Er streicht mit der Handfläche über öppis, einen unteren Mund, heiss und feucht. Sie öffnet seinen Hosenschlitz und nimmt sein gerades, hartes Glied heraus, das sie ein wenig schüttelt, auf und ab und schnell und schon ist es in öppis, ihrem unteren, heissen und feuchten Mund.

Man hatte dem Peter gesagt, er habe Besenstiele statt Beinen und eine Bürste statt Haaren. Aber das hier ist anders, weil ein Unbekannter in seinem Körper alle Bewegungen für ihn macht. Als er ihre Brüste packt, spürt er das Herz dahinter schlagen, der heisse Atem wird stossweise schneller. Peters Rücken rutscht und versinkt im Haufen der Späne, er umklammert die Pobacken der auf ihm Sitzenden, die ihr Becken auf seines stützt, er spürt ihre dichten Haare an seinem Unterleib. Sein Glied und ihr Mund stossen stärker aneinander. Das Blut fliesst in Peters ganzem Körper, er weiss nicht, tut der Magnet ihm gut oder weh, die Wörter steigen ihm in der Kehle hoch, aber am Rand der Lippen angekommen, lösen sie sich auf unter dem Druck, es bleibt fast nichts, nur ein Stöhnen.

Die beiden lassen einander los, sie fällt auf den Rücken neben ihm. Es hat nicht lange gedauert. Und sie sind da, zusammen, ihr Brustkorb hebt und senkt sich schnell, Doppelflügel einer Tür, durch die man wie ein Wirbelwind gefegt ist. Sie bleiben einen Moment, ohne etwas zu sagen, eine lange Weile, jeder für sich.

Dann fassen sie sich bei der Hand und verschwinden zusammen im Land des Schlafes.

Als Peter erwacht, ist es Morgen und er ist allein in der Brache, etwas klebrig und verdutzt. Er weiss nicht recht, was er geträumt hat, in den Spänen ist nur der Abdruck einer Abwesenheit, die Hohlgestalt derjenigen, die da war mit ihm, die fortgegangen ist und nicht wiederkommt.

Peter klopft auf die Schulter des Holzspanhaufens um zu sagen, herrje, was soll denn das? Jetzt ist er ganz von den Socken. Er hat alles getan, aber niemand ist gekommen, ihm zu sagen, ob er die Suche beenden kann. Und da wird dem Peter ein Problem bewusst, das wahre Leben zu finden ist das eine, aber wie weiss man dann, ob es das ist? Hier liegt der Hase im Pfeffer, hier sticht der Stachel im Fleisch. Und jetzt, da sie fortgegangen ist, bleiben ihm weder Magnet noch Ohr, um diese Fragen gemeinsam anzugehen. Er ist der letzte Türflügel. Schlussendlich ist er gleich wie vorher, bevor er sie getroffen hat.

Nichts hat sich verändert. Selbst der Riss des Winters ist immer noch da und scheint ihn jeden Tag etwas rissiger zu machen, ohne dass er etwas tun könnte. Er möchte darüber sprechen, aber die Wörter sind verhockt. Er tastet seinen Bauch, die Brust, die Kehle ab um zu sehen, wo sie steckengeblieben sind und ob er sie nicht weiterbringen könnte, aber es ist unmöglich.

Peter beschliesst, zu Fuss zu gehen, um die Verdauung anzuregen. Er geht an der Brache vorbei und bemerkt ein ungewöhnliches Treiben. Autos und Lastwagen stehen davor und die, die ausgestiegen sind, tragen Helme und orange Westen, führen Notizbücher, machen sich zu schaffen. Als Peter hinter ihnen den Schritt verlangsamt, drehen sie sich um und mustern ihn von oben bis unten. Peter senkt den Kopf.

Er geht weiter.

Er sieht die Passantinnen und Passanten, alles Unbekannte, er sieht die Gebäude, die Schulen, die Kirchen, so viele Orte, wohin er nicht gegangen ist, alle die Steine, die Geschichten umschliessen, Strassen mit Namen und Strassen ohne Namen, und auch Strassen mit Namen, die er nicht kennt. Dieses Dorf ist ein Labyrinth, in dem sich alles gleicht und jeder sich täglich etwas mehr verlieren kann, wenn er nicht achtgibt. Auspuffrohre, Leitungen, Abwasserschächte, Hydranten, Gitterroste, Dinge kommen und Dinge gehen durch die Kanäle des Dorfes von Z., bevor alles langsam verdaut und dann wieder ausgespuckt wird – aber wo?

Hier ist das Lebensmittelgeschäft der Petits-bras, Peter packt die Gelegenheit für das Aushelfen. Sali Pedro, sali, wie häsch? Hier immer gut. Sie sind alle fünf da, das Paar der Petits-bras, Ana, die in etwas wie Schweigen sitzt und die Augen zur Decke dreht, die Madonna mit den elektrischen Kerzen und das Foti an der Wand. Pedro sagt, mal so mal so, couçi-couça, er erzählt vom ungewohnten Treiben in der Brache. Vom Riss und von der Nacht in den Spänen kann er nicht erzählen. Beim Sprechen merkt er, dass er dahin zurückkehren muss um zu sehen, vielleicht um zu erfahren. Er sagt, Adios, désolé, er wird wiederkommen fürs Aushelfen und er zupft sie zur Brache.

Dort schaut Peter vom gegenüberliegenden Trottoir her, wie die Lastwagen aufziehen. Sie bringen Kräne, Container, tragbare Toiletten, Bulldozer, Presslufthämmer und noch viel mehr. Die anderen auf dem Trottoir tauschen ihre Meinungen aus, eine Schule gäll, nein vielmehr ein Parking gäll, oder dann ein Supermarkt, gäll.

Die Arbeiter laden das Material ab. Unter Peters Augen fliegen die fahrenden Leute davon, die Vögel, die Versteckspiele der Buebe und Meitli, die Marelle mit Himmel und Hölle, die Maiechäferli, die schwarze Katze, die Kirschen, die er Bernhard versprochen hat, die von der Gemeinde, die im März stutzen und beschneiden, der platte Fussball, die Begegnungen mit Monsieur l'auteur, die Nacht der Späne, die Spaziernaden seiner Nachbarin und alle diese Dinge.

Eines schönen Morgens reisst der Lärm, der von der Brache kommt, Peter aus dem Schlaf. Er stürzt hinaus und findet sich Aug' in Auge mit einem Schild, das vor ihm aufgepflanzt ist. Betreten verboten, Baustelle, Gefahr. Und da läuft ihm der Riss über die ganze Wirbelsäule.

Vorwärts, halte diese gespannte Stimme, geh vorwärts. Seit jeher und für ewig scheint ein gleicher, auswegloser Tag herrisch und höllisch von Hand zu Hand zu wandern. In der uns umgebenden Nacht, geh vorwärts, mit dieser gespannten Stimme als einzige Fackel, jener Stimme, die unsere Hände, unsere Füsse, unsere Geschlechtsteile und unsere Sprache sagt. Wohin gehen? Vorwärts, vorbei an Brücken und Tunnels, Höhlen und Gassen. Halte diese gespannte Stimme an einige der verzerrten Gesichter, hör ihnen gut zu, ein erstes und ein letztes Mal, bevor die Stille ihnen die Kehle abschneidet. Vorwärts, jeder Schritt in dieser Nacht wird mit wer weiss welchem Falschgeld abgegolten, man muss Grimassen erfinden, die Zunge zeigen, auf Urzeichen zurückgreifen. Doch kaum hat das Feuer sie ans Licht gebracht, da verbrennt es sie. Halte diese gespannte Stimme, geh vorwärts, vorwärts, noch ein bisschen weiter, tiefer ins Herz dieses Alltags ohne Grenzen, möglich über das Mögliche, real über das Reale hinaus.

SELTSAME TAGE ohne Schlaf folgen aufeinander.

Peter wacht auf, mitten in einer Nacht. Es scheint, man hat ihn von einer Welt in eine andere Welt geworfen. Er schaut die Decke, die Türe, das Fenster an. Die Storen filtern das Licht, ein dunkles Blau kommt und malt die Decke und den Rest des Zimmers. Peter ist nicht müde, er ist überrascht, da zu sein. Er sagt sich, das ist wohl die Schlaflosigkeit. Es regnet draussen. Von seinem Bett aus hört er das Wasser, das in den Rinnen gluckert, das Wasser, das aufs Dach klopft, das Wasser, das in die leeren Balkontöpfe tropft, und er erkennt Metall, Terrakotta, Plastik und Erde allein am Geräusch des Wassers, das darauf fällt, und manchmal des Wassers, das ins Wasser, in sich selbst fällt. Er stellt sich das Wasser in der gleichen Farbe wie das Licht vor, in dunklem Blau.

Langsam lässt der Schauer nach und endet schliesslich ganz. Peter steht auf und zieht sich an. Er geht los und wandert durch die lange Nacht.

Das Dorf überlässt sich der Einsamkeit, dem Seltsamen und dem Traum. Das Knistern eines Stromzählers, ein Rasseln zuunterst im Treppenhaus, die Bise in den Bäumen, ein Reisender, der einen Rollkoffer stösst, ein paar Köche, die im Hinterraum eines Restaurants kauernd palavern und eine Zigi rauchen unter ihrer weissen Haube. All dies, dies wenige, wird von tonlosen Bildern verstärkt, eine Putzequipe, die sich im Büro des fünften Stocks zu schaffen macht, jemand, der irgendwo etwas versorgt, eine Unbekannte, die den Hund ausführt. Als er vorbeigeht, leuchten ihm die Bewegungsmelder mit ihren Scheinwerfern ins Gesicht, das blendet ihn, sodass er niemär, personne, niesonne, permär sieht.

Vor allem dem Körper gefällt es, zufällig hier oder dort einzubiegen, er weiss selbst nicht recht, warum er einmal links wählt, à gauche, und einmal rechts, à droite. Er geht rechts, à droite, lässt das Kino links liegen, à gauche, geht über die Gleise der Tramlinien 4, 7 und 13, der Papierfabrik entlang, und wenn er dann einmal unterwegs ist, übernehmen die Füsse den Takt für die Partitur der Strassen, bei den Fussgängerstreifen blinken die Ampeln Ping Orange Päng Rot Pong Grün Ping Orange. Stopp. In einem dunkeln Winkel vor der kleinen Brücke über den Fluss ist eine winzige Bude noch offen zu dieser nachtschlafenden Zeit. Der Barkeeper, ein zwielichtiger Trinker, verkauft feste und flüssige Nahrung, er repariert auch Händys und stellt Ratschläge verschiedener Art in Aussicht, Weichenstellungen, Wetteinsätze.

Der gebeutelte Peter kauft ihm eine Zigi ab und sonst nichts, er geht weiter, à drechts fährt der Zug über das Viadukt und säbelt mit seinem Spiegelbild die Glasfassaden der Gebäude in Streifen, drei Schläge zwei Schläge, das ist die immer raschere Sarabande der Räder auf dem Schotter, die einen zum Schluchzen bringt und alles mit sich nimmt, was man nie erreicht, den Tau, das Herz, das Himmelseck im Auge. Rinker Hand das hochaufragende Silo in einer unsichtbaren Geruchswolke von Mehl, blockierte Waggons, all dieses Metall, das ganze Gewicht, der Rost. Frische Luft, Peter ist jetzt auf der kleinen Brücke, unten fliesst der Fluss, die Laternen giessen ihren letzten Likör auf seinen Ufern aus. Der Abfuhrkanal ist da, er entlädt sich mit grossem Krach in den Fluss, führt das Gedächtnis des Dorfs und seiner Bewohner mit den Abwässern mit.

Nur weiter, glauche, roichts, lechts, rinks, drechts, Seenot droht, Peter gelangt zur Brache, vor das Schild. Betreten verboten, Baustelle, Gefahr. Peter geht daran vorbei, auf die andere Seite. Er stützt beide Hände auf den oberen Rand des Zauns und setzt darüber hinweg.

Die Stille wird diesiger, dichter. Peter macht ein paar Schritte, ums sich ans Dunkel zu gewöhnen, seine Turnschuhe knirschen auf dem Kies. Er bleibt einen Moment stehen. Er geht weiter, auf und ab, er zündet die Zigi an, die er vor kurzem erstanden hat, und sieht den Stummel glühen in der Nacht. Im Dunkel versunkene Gebäude, die hinter den grossen Bäumen auftauchen, blauviolette Lichter in regelmässigen Abständen. Er hebt die Augen zum Schornstein der Recyclingfabrik mit seinem weissen Rauch, der sich in der stählernen Nacht abzeichnet.

Mitten auf der Brache haben die Arbeiter eine Holzkonstruktion als Absperrung errichtet mit weissen Schildern rundherum, zwei Meter hoch und dreissig breit, niemand kommt mehr durch. Peter nähert sich furchtsam dem weissen Band, berührt es mit der Hand. Von hinten legen sich die Mondschatten der Baumaschinen auf die andere Hälfte der Brache. Peter entfernt sich und geht zurück zum Gestrüpp, sein Blick hat sich jetzt an die Nacht gewöhnt. In dieser Ecke, wo sich die Brennnesseln in der Bise wiegen, liegt auch ein altes Stück Sandwich auf der Erde, gebräunte Zigarettenstummel, Spucke, der Vorhang der Pappeln hinter dem aufgeplatzten Asphalt, wilde Gräser. Nicht viel, wenig Überraschendes und noch weniger Erwartung.

Die Brache zieht sich hin zwischen dem Himmel und der feuchten Erde. Und Peter steht da. Der Riss läuft ganz durch ihn durch und klafft weit auf, er macht Platz für die Nacht, den Taumel und den Wahn.

Der Geist der Brache schleicht sich durch sein Ohr und richtet sich in seinem Körper ein. Wie die Tiere ihr Geheimnis unter dem Schnee wahren, zieht sich die Brache in ihn zurück mit ihrem ganzen Sammelsurium, mit ihrem Zufall und ihrer Freiheit, und nimmt die Gedichte von Monsieur l'auteur mit sich, die Kerzen der Petits-bras, die dazmal der Namenlosen Nachbarin, die Sielinette von der Nina, den Mund von Der mit dem Blick der ihn anblickt und dem Lächeln das ihn anlächelt, die Telefongespräche mit der Mischa, die Ratschläge von Bernhard, die Birre von Gigi, das Akkordeon der Musiker und alle diese Dinge. Und vielleicht war ganz unbemerkt auch das wahre Leben dabei, wer weiss. Womöglich hat auch Peter, vom Strudel erfasst, sich mit dem Rest in ihm selbst aus dem Staub gemacht. Das Sandwich tat keinen Wank. Die Bise bläst und wirbelt die Zigarettenstummel auf, sie zerstreuen sich, zwar nicht weit, doch in alle Winde.

Der Autor dankt Noëlle Revaz, Daniel Rothenbühler, Florence Schluchter, Arthur Billerey und Ruth Gantert für Rat, Lektorat und Unterstützung, und auch allen anderen, die dieses Projekt begleitet haben.

Der Text erhielt 2019 einen Werkbeitrag der Stadt Bern und des Kantons Bern, der Autor bedankt sich dafür.

Peter im Niemandsland

- Was übersetzt du gerade?
- «Peter und so weiter» von Alexandre Lecoultre.
- Wie heisst das Buch auf Französisch?
- «Peter und so weiter». Es ist ein französisches Buch mit einem deutschen Titel.
- Das ist ja schräg! Warum?
- Weil es in einer Deutschschweizer Stadt spielt, deren Bewohner mehrheitlich Deutsch (beziehungsweise Schweizerdeutsch) sprechen.
- Ach so! Und wie machst du das in der deutschen Übersetzung? Heisst das Buch dann «Pierre et cetera»?

Gute Frage! Der Titel trifft das Wesen dieses Textes auf verschiedenen Ebenen. In Alexandre Lecoultres Roman streift die Hauptfigur durch das «Dorf von Z.», das auf Französisch beschrieben wird. Er verkehrt im Café du Nord, wo er manchmal laut aus der Zeitung vorliest, aufgeschnappte Ausdrücke endlos wiederholt oder Geschichten erzählt. Die Stammkunden versuchen, ihn mit einem genervten «und so weiter» zum Schweigen zu bringen. «Peter und so weiter» heisst aber auch so, weil sein Name sich nach seinem Gegenüber richtet: Für den Schriftsteller ist er Peterli, für den italienischen Arbeiter Pietro Santo Felice, für die spanischen Lebensmittelhändler Pedro oder Pedrito, für die rumänischen Strassenmusikanten Petru. Der Titel spielt also auch auf die Begegnungen des Protagonisten mit verschiedenen Personen und Sprachen an. Schliesslich nimmt der Ausdruck «und so weiter» eine existenzielle Frage auf, die sich nicht nur Peter stellt, sondern alle Figuren des Romans umtreibt: Wird das Leben einfach so weitergehen, oder kommt es einmal zu einer entscheidenden Veränderung? Und wie wäre diese Wende herbeizuführen?

Im Original verwebt sich die französische Erzählsprache mit Deutsch und Schweizerdeutsch sowie mit ein wenig Italienisch, Spanisch und Rumänisch. Das Buch scheint dem Zusammentreffen der verschiedenen Sprachen und Menschen zu entspringen. Soll die Übersetzerin die Situation transponieren und einen Deutschschweizer Protagonisten auf Wanderungen durch Lausanne oder Genf schicken? Diese Möglichkeit wäre verlockend, kann aber nicht die Lösung sein. Die Stadt in Lecoultres Roman entspricht zu eindeutig Zürich, als dass ein Ortswechsel infrage käme. Da ist der Kopfbahnhof, die Eisenbahnbrücke über die Gleise mit Blick auf die Alpen, der Kiosk mit den Jugendlichen vor dem Bereich des «Dorfs». Da sind die Tramhaltestellen mit den blauen und grauen Ticketautomaten, die Trams mit den flatternden Fähnchen am vorderen Wagen und den Türen, die einen beim langsamen Ein- und Aussteigen einzuklemmen drohen. Da ist der obere und der untere Fluss, da sind die Schwimmbäder: die Flussbadis, die Badeanstalten auf beiden Seeseiten und auch das grosse Hallenbad. Da ist die Brache, über deren Zukunft angeregt diskutiert wird, das sind das neu gebaute Getreidesilo, das Viadukt, die Kehrichtverbrennungsanlage und die Papierfabrik – auch wenn der Erzähler dafür Bezeichnungen verwendet, die nicht geografisch verankert sind, entsteht ein präzises Bild der Stadt. Das «Dorf von Z.» lässt sich nicht verpflanzen, die kreative Reibung zwischen den Sprachen aber soll bestehen bleiben. Deshalb setzt die Erzählsprache in der Übersetzung statt des Kontrasts zwischen Französisch und Deutsch stärker auf denjenigen zwischen Hochdeutsch und Schweizerdeutsch. So finden sich Wörter wie «Füdli» für Hintern und «Schnägg» für Fünffrankenstück, Peter überlegt, «was cheibs» die anderen machen, und wenn er zu viel trinkt, «schnätzelt es» ihn und er «knallt auf den Ranzen».

Die Titelfigur selbst scheint weder Deutsch noch Schweizerdeutsch ganz zu verstehen. Neben den Dialektausdrücken mischt sich immer wieder Französisch in den deutschen Text – offenbar die Sprache, die Peter am nächsten ist. In seiner direkten Rede ist deshalb ein leicht französischer Akzent spürbar. Die Erzählung begnügt sich keineswegs mit fremdsprachigen Einsprengseln; die Sprachen treffen nicht nur aufeinander, sondern sie überlagern und durchdringen sich. So heisst es von einer Diskussion im französischen Original, sie sei «un débat sans main ni pied», nach dem deutschen Ausdruck *ohne Hand und Fuss*. In der Übersetzung wurde sie zu einer Debatte «ohne Schwanz und Kopf» (*sans queue ni tête)*. Die Sprache ist auch im französischen Original oft ein bisschen ungelenk, «daneben», anders, als man es erwarten würde. Dieses Schräge, diese leichte Irritation soll auch in der Übersetzung spürbar sein.

Le vin est dans les joues du Kollege, ach, siroter notre portemonnaie avec des prix comme ils ont et prendre des coups de soleil sur la tête sans cheveux, tu es une mule têtue mais quand même je t'aime. Oui moi aussi répond-elle en tournant le dos, à la revoyure.

Der Wein steigt dem Kollegen in die Backen, änograd, leeren musst du das Portemonnaie bei denen ihren Preisen, und die Glatzköpfe kriegen einen Sonnenstich, du bist stur wie ein Esel, aber gernhaben tu ich dich trotzdem. Ja, kannst du mich gern, antwortet sie und dreht ihm den Rücken zu, bis ein andermal.

Peter macht seine «Spaziernaden», wenn er nicht im Fluss oder in der Badi «schwummert». In solchen erfundenen Wörtern zeigt sich das hartnäckige und gleichzeitig zweifelnde, ungeschickte und doch entschlossene Wesen des Protagonisten.

Die subtile Sprachmischung läuft zur radikalen Höchstform auf, wenn Peter unter einem Kastanienbaum im Halbschlaf wegdämmert oder wie in Trance durch die Strassen läuft.

> *Peter spürt, wie die Sonne sein Gesicht streichelt und der Schatten es erfrischt, réchauffe encore puis rafraîchit, réchauffe, erfrischt, réchauffe, rafraîchit, réwärmt, rafrischt, wärchaufft, erfraicht, réwärfft, rafräscht, aufchaufft, erfräscht, eh bien öppe so, mmmh.*

> *Nur weiter, glauche, roichts, lechts, rinks, drechts, Seenot droht, Peter gelangt zur Brache, vor das Schild.*

Wer ist dieser eigenartige Mensch, der über vier Jahreszeiten lang kreuz und quer durch das Dorf von Z. wandert oder mit dem Zug über Land und durch Agglomerationen fährt? Woher kommt er? Der meist etwas perplexe Peter ist, so scheint es, aus allen Wolken gefallen. «Peter, Geburtsdatum unbekannt, Geburtsstunde unbekannt, Geburtsort unbekannt», antwortet er auf die Fragen der Astrologin Madame Mischa. Im Dorf von Z. und in seinem Stammlokal, dem Café du Nord, unterhält er sich mit allen, und alle erzählen ihm von ihren Wünschen und Zielen. Nina, die Serviererin, sucht «einen Erlinet oder eine Sielinette», die Petits-bras begeben sich auf eine Pilgerreise für die Gesundheit ihrer Tochter, Bernhard rubbelt Lottoscheine, um das grosse Los zu gewinnen, Monsieur l'auteur sammelt die Zutaten für das perfekte Gedicht, Gigi hadert mit seiner Heimatstadt, die Namenlose Nachbarin vermisst die Vergangenheit und Madame Mischa erforscht den Stand der Planeten, um ihren Kunden die Zukunft vorauszusagen.

Peter aber ist anders als die Leute in seinem Umfeld, dies ist ihm durchaus bewusst.

Er weiss wohl, dass er nicht ist wie die anderen, aber er weiss auch, dass die anderen nicht sind wie er, was bedeutet, dass er und die anderen sich zumindest in dem Punkt etwas gleichen, in der Tatsache, dass sie anders sind.

Paradoxerweise ist es gerade dieser Dorftrottel, Aussenseiter und Antiheld, der die Personen untereinander verbindet. Er hört ihnen zu und erfährt dabei ihre Hoffnungen und Ängste, ihre Überzeugungen und Zweifel. Er selbst scheint anfangs keine besonderen Pläne zu hegen, sondern geht ruhig seinen täglichen Verrichtungen nach, bis man ihm nahelegt, endlich das richtige Leben anzufangen. Dazu braucht er offenbar «Die mit dem Blick der ihn anblickt und dem Lächeln das ihn anlächelt». Also macht er sich auf eine Suche, die alle anderen in sich vereint – aber was ist dieses wahre Leben, von dem Rimbaud sagte, es sei anderswo? Vielleicht könnte es ja überall finden, wer Augen hat zu sehen und Ohren zu hören, «wer weiss»?

Von den Wünschen und Plänen der «Dorfbewohner» gehen einige in Erfüllung, während andere Schiffbruch erleiden. Nina kehrt mit einem «Alien in Gestalt eines Artischockenherzens» ins Café du Nord zurück, Bernhard hingegen verliert alles, worauf er stolz war. Sein tiefer Fall lässt sich an seinem Schlüsselbund ablesen, der als Running Gag immer leichter wird: Nach und nach verschwinden Wohnungsschlüssel, Autoschlüssel und das Abzeichen des Fussballclubs. Die Namenlose Nachbarin hingegen verliert den Zierpompon ihres Hausschuhs: «Es war ein kleiner Bommel aus Plüsch, wirklich keine grosse Sache». Dieser Roman hat die Gabe, uns mit traurigen Dingen zum Lachen zu bringen.

Und Peter? Seine Suche geht weiter, folgt abstrusen Aufforderungen und Hinweisen, lässt ihn bald rastlos umherstreifen, bald unbeweglich an einem Ort verharren und warten. Immer wieder gelangt er dabei auf die Brache. Sie ist der Ort, der ihm am besten entspricht, ein ungenutztes Feld zwischen dem «nicht mehr» und dem «noch nicht». Verlangt man von ihm, er solle sein bisheriges Leben, seine Gelegenheitsjobs und ziellosen Wanderungen aufgeben und endlich «öpper» werden, so wird auch die Brache mit Missbilligung betrachtet: Sie macht keine Gattung, es soll endlich «öppis» aus ihr werden. In diesem «Dazwischen» finden sich Person und Ort, im Niemandsland zwischen Stadt und Land, zwischen Vergangenheit und Zukunft, zwischen Natur und Kultur.

Ein irritierendes und faszinierendes Dazwischen charakterisiert auch die Erzählform des Romans mit seinen Diskussionen im Café du Nord: «Weder ein Monolog noch ein Dialog, sondern etwas anderes, sagt sich der Peter». Wer spricht, und an wen richten sich die Worte? Oft versteht man erst mitten in einem Streit, dass Personen darin verwickelt sind, die man bereits kennt, beispielsweise Bernhard und Gigi. Erst am Ende eines Geplänkels zwischen Rekruten taucht plötzlich, mitten unter ihnen, der Peter auf. Ohne Vorwarnung wird ein Text von Monsieur l'auteur zitiert, der sich von Peters

Erfahrungen inspirieren lässt. Dieser wiederum sammelt auf seinen Zugfahrten die Geschichten der Mitpassagiere, die er dann so präsentiert, als wären es seine eigenen. Hat er die Gämse auf der Alm, von der er erzählt, selbst gesehen oder handelt es sich um die Nacherzählung einer aufgeschnappten Episode? Und könnte es sein, da Peter von sich in der dritten Person spricht, dass er mit dem Erzähler des Romans identisch ist? Wie dem auch sei, der Text trifft seine Figur und die Orte im Dazwischen, das ihn ebenfalls prägt: Leichtfüssig bewegt er sich zwischen Prosa und Poesie, zwischen Fabel und präziser Darstellung der Schweizer Realität, zwischen Gesellschaftssatire und philosophischem Märchen, zwischen Humor und Melancholie. Zudem lässt sich in neun eingestreuten, kursiv gedruckten Texten eine andere, geheimnisvolle Stimme vernehmen. Mit ihrem dichten, getragenen Tonfall und den Aufforderungen im Imperativ entwickeln sie eine starke, suggestive Wirkung.

Zur Faszination dieses vielstimmigen Textes tragen Missgeschicke und Fehlinterpretationen bei, die Peters irrwitzige Suche begleiten. Es macht ihm viel Mühe, die Welt um ihn herum zu interpretieren und einzelne Aspekte zu einem sinnvollen Ganzen zu verbinden.

All das scheint zu einem Puzzle zu gehören, der Peter hat nicht alle Teile davon und auch nicht die Pappschachtel mit dem Bild, auf dem man sehen kann, was es zu suchen gilt.

Die Fremdheit der Hauptfigur führt immer wieder zu sprachlichen Missverständnissen, deren Komik dem Text einen besonderen Charme verleiht – und die Übersetzung vor spezielle Herausforderungen stellt. So fragt Peter oft nicht nach, wenn er etwas nicht verstanden hat, sondern lässt die Sache auf sich beruhen und verknüpft die Wörter auf seine Weise. Im Gespräch mit Gigi ist ihm offensichtlich nicht klar, was «boniments» heisst, dafür bringt er es mit ähnlichen Wörtern in Verbindung (bonnet, Bojana, bonito).

Qu'est-ce qu'ils t'on dit ? Pas tout compris, répond Pietro, puis ils reprennent la spaziernade sous la petite pluie. Tu sais, tu devrais te méfier de ces messagers boiteux qui viennent t'amadouer avec leurs boniments. Pietro ne répond rien. Il connaît bonnet qu'on met sur la tête en hiver, Bojana dont Bernhard parle un peu durement, et bonito parce que les Petits-bras ont expliqué que c'était une sorte de thon des mers chaudes qu'il fallait ranger en haut à droite sur l'étagère.

Was haben sie dir gesagt? Nicht alles verstanden, sagt Pietro, dann nehmen sie ihre Spaziernade unter den Regenspritzerli wieder auf. Weisst du, du solltest dich hüten vor diesen hinkenden Boten, die dich mit ihrem Humbug umgarnen. Pietro antwortet nicht. Er kennt den Humpen Bier, die wilde Hummel, wie der Bernhard manchmal seine Bojana nennt, und den Hummer, weil die Petits-bras ihm erklärt haben, das sei ein Zehnfusskrebs und man müsse ihn oben rechts auf dem Gestell einordnen.

Trotz der Missgeschicke und Fehlinterpretationen und wider alles Erwarten zeigt Peters Unterfangen Erfolg: Er findet tatsächlich «Die mit dem Blick der ihn anblickt und dem Lächeln das ihn anlächelt» und entdeckt dabei, dass Veränderungen nicht nur für die anderen da sind. Aber er muss auch erfahren, dass damit nichts Definitives erreicht ist, dass alles im Fluss bleibt und keine Suche je enden kann. Diese Erkenntnis gilt auch für die Übersetzerin. Sie schliesst in der Hoffnung, über das Verhältnis des deutschen Texts zur Originalversion sagen zu können, dass er und sie «sich zumindest in dem Punkt etwas gleichen, in der Tatsache, dass sie anders sind».

Ruth Gantert

1. **Guy Krneta   Mittelland**
   Morgengeschichten, 180 Seiten, ISBN 978-3-905825-13-8
2. **Jens Nielsen   Alles wird wie niemand will**
   Erzählungen, 144 Seiten, ISBN 978-3-905825-14-5
3. **Beat Sterchi   Ging Gang Gäng**
   Sprechtexte, 156 Seiten, ISBN 978-3-905825-16-9
4. **Pedro Lenz   Der Goalie bin ig**
   Roman, 192 Seiten, ISBN 978-3-905825-17-6
5. **Heike Fiedler   langues de meehr**
   GeDichte/PoeMe, 168 Seiten, ISBN 978-3-905825-19-0
6. **Ernst Eggimann   u ner hört**
   Gedichte, 144 Seiten, ISBN 978-3-905825-27-5
7. **Gerhard Meister   Viicher & Vegetarier**
   Sprechtexte, 168 Seiten, ISBN 978-3-905825-33-6
8. **Jens Nielsen   Das Ganze aber kürzer**
   Erzählte Texte, 192 Seiten, ISBN 978-3-905825-39-8
9. **Franz Hohler   Schnäll i Chäller**
   Lieder, Gedichte, Texte, 192 Seiten, ISBN 978-3-905825-42-8
10. **Michael Fehr   Kurz vor der Erlösung**
    Siebzehn Sätze, 144 Seiten, ISBN 978-3-905825-51-0
11. **Heike Fiedler   sie will mehr**
    bild risse, 152 Seiten, ISBN 978-3-905825-56-5
12. **Michael Stauffer   Alles kann lösen**
    Schallerziehung, 232 Seiten, ISBN 978-3-905825-57-2
13. **Stefanie Grob   Inslä vom Glück**
    Sechs Auftritte, 168 Seiten, ISBN 978-3-905825-80-0
14. **Guy Krneta   Unger üs**
    Familienalbum, 168 Seiten, ISBN 978-3-905825-90-9
15. **Pedro Lenz   Radio**
    Morgengeschichten, 200 Seiten, ISBN 978-3-905825-92-3
16. **Nora Gomringer   achduje**
    Sprechtexte, 160 Seiten, ISBN 978-3-03853-013-8
17. **Timo Brunke Orpheus   downtown**
    Lauteratur, 160 Seiten, ISBN 978-3-03853-011-4
18. **Jens Nielsen   Flusspferd im Frauenbad**
    Kleine Erzählungen, 192 Seiten, ISBN 978-3-03853-018-3
19. **Beat Sterchi   U no einisch**
    Sprechtexte, 192 Seiten, ISBN 978-3-03853-020-6
20. **Guy Krneta   Filetschtück**
    Geschichten, 208 Seiten, ISBN 978-3-03853-033-6
21. **Ariane von Graffenried   Babylon Park**
    Sprechtexte, 204 Seiten, ISBN 978-3-03853-036-7
22. **Rolf Hermann   Das Leben ist ein Steilhang**
    Sprechtexte, 216 Seiten, ISBN 978-3-03853-035-0
23. **Judith Keller   Die Fragwürdigen**
    Geschichten, 148 Seiten, ISBN 978-3-03853-050-3
24. **Pedro Lenz   Hert am Sound**
    Sprechgedichte, 192 Seiten, ISBN 978-3-03853-059-6
25. **Walter Vogt   hani xeit**
    modern mundart, 228 Seiten, ISBN 978-3-03853-066-4

26 Dominic Oppliger acht schtumpfo züri empfernt
Novelle, 164 Seiten, ISBN 978-3-03853-069-5

27 Andri Beyeler Mondscheiner
Ballade, 180 Seiten, ISBN 978-3-03853-080-0

28 Aglaja Veteranyi Wörter statt Möbel
Fundstücke, 180 Seiten, ISBN 978-3-03853-083-1

29 Aglaja Veteranyi Café Papa
Fragmente, 152 Seiten, ISBN 978-3-03853-084-8

30 Gerhard Meister Mau öppis ohni Bombe
Sprechtexte, 208 Seiten, ISBN 978-3-03853-091-6

31 Laurence Boissier Safari
Observations / Beobachtungen, 184 Seiten, ISBN 978-3-03853-092-3

32 Martin Frank i bi nöm bi öich
Gedichte, 184 Seiten, ISBN 978-3-03853-093-0

33 Rolf Hermann Eine Kuh namens Manhattan
Sprechtexte, 216 Seiten, ISBN 978-3-03853-097-8

34 Dragica Rajčić Holzner Glück
Stimmen, 220 Seiten, ISBN 978-3-03853-099-2

35 Ernst Burren mir nähs wies chunnt
Gedichte aus 50 Jahren, 168 Seiten, ISBN 978-3-03853-101-2

36 Stefanie Grob Budäässä
Bühne & Radio, 180 Seiten, ISBN 978-3-03853-102-9

37 Daniela Dill Durzueständ
Sprechtexte, 164 Seiten, ISBN 978-3-03853-107-4

38 Béla Rothenbühler Provenzhauptschtadt
Roman, 184 Seiten, ISBN 978-3-03853-110-4

39 Judith Keller Oder?
Roman, 280 Seiten, ISBN 978-3-03853-111-1

40 Wortknall Spoken Word in der Schweiz
Sammlung, 232 Seiten, ISBN 978-3-03853-115-9

41 Katja Brunner Geister sind auch nur Menschen
Sprechtexte, 208 Seiten, ISBN 978-3-03853-119-7

42 Erwin Messmer Passirrt isch passirt
Gereimtes und Ungereimtes, 184 Seiten, ISBN 978-3-03853-122-7

43 Emanuelle Delle Piane Stille Stimmen / Voix silencieuses
Bühnentexte / Textes de scène, 232 Seiten, ISBN 978-3-03853-121-0

44 Heike Fiedler Tu es! hier
Gedichte & Sprechtexte, 140 Seiten, ISBN 978-3-03853-129-6

45 Lidija Burčak Nöd us Zucker
Tagebuchtexte, 196 Seiten, ISBN 978-3-03853-128-9

46 Dominic Oppliger giftland
Roman, 244 Seiten, ISBN 978-3-03853-133-3

47 Berta Turnherr Rundumm Rii
Diepoldsauer Texte, 184 Seiten, ISBN 978-3-03853-134-0

48 Tara C. Meister Geschafft, Sonne
Sprechtexte, 152 Seiten, ISBN 978-3-03853-143-2

49 Alexandre Lecoultre Peter und so weiter
Roman, 168 Seiten, ISBN 978-3-03853-147-0

50 Béla Rothenbühler Polifon Pervers
Roman, 220 Seiten, ISBN 978-3-03853-149-4